新時代の観光を学ぶ

Tourism Studies in the New Era

《編著》
高柳 直弥／太田 実／中島 智

小長谷 悠紀／鵜川 晃／古賀 学
松岡 弘樹／山下 光二／白土 健

八千代出版

はじめに

　日本で国家目標として「観光立国」が提示されたのは 2003 年のことである。「ビジット・ジャパン事業」の開始 (2003 年)、「観光立国推進基本法」の成立 (2006 年)、「観光庁」の設置 (2008 年)等、その後の日本国内の政策動向を振り返ってみてもわかるように、観光は国や地域の重要な施策として推進されてきた。また現在では、少子高齢化や人口減少を迎える日本の地方創生の切り札、成長戦略の柱としてもとらえられている。

　こうしたなか、2013 年には訪日外国人旅行者数が 1000 万人を突破し、2018 年には 3000 万人を突破した。2016 年 3 月に策定された「明日の日本を支える観光ビジョン」では、2020 年の訪日外国人旅行者数 4000 万人、旅行消費額 8 兆円等の目標が掲げられている。このような観光ビジョン目標の達成のためには、官民を挙げて、観光資源の磨き上げだけではなく、いわゆる「コト消費」やキャッシュレス決済など、増加に伴って多様化する旅行者ニーズへの対応力強化などに取り組むことも必要となる。そのため、観光におけるマネジメントの視点を養うことの重要性が近年では高まってきているともいえる。

　しかし、本書がタイトルの中に掲げている「観光を学ぶ」の意味は、こうした経済・経営的な側面に限定して観光について学ぶことではない。観光が現在のような形式に至るまでに、どのように社会や文化の影響を受けてきたのか、また逆に、観光によって、社会や文化にどのような影響がもたらされるのかといった、社会・文化的な側面から観光について学ぶことも本書の内容に含まれている。このように、観光を学ぼうとする人たちに、経済・経営・社会・文化など、多様な視点から観光について考える力を養ってもらうためのテキストをつくるという構想は、本書の前身となっているテキスト『観光を学ぶ』（白土健・望月義人編著）、『新・観光を学ぶ』（太田実・中島智編著）から受け継がれてきたものである。

　本書は、大学、短期大学、専門学校において「観光学」を学ぶ人々の入門テキストとなることを想定して執筆されている。内容は前述のように『観光を学ぶ』や『新・観光を学ぶ』の構想をもとにしつつも、「観光先進国」を目指す日本が迎えようとしている新時代の観光を学ぶことを想定した章やコラムを用意した。

　Ⅰ部「観光学と現代社会」では、学問としての観光や観光の概念、歴史のほか、観光と地域文化との関係についての理論や事例を学ぶ。世界遺産やエコツーリズム、コンテンツツーリズム、スポーツツーリズムなど、地域文化との関わりが強い観光のトレンドについて扱うのも、このⅠ部である。

　Ⅱ部「現代社会における観光のマネジメント」では、観光地や各種観光事業のマネジメントに関する知識としてのマーケティングについて学ぶほか、観光行政の仕組みと事業内容についても学ぶ。

　Ⅲ部「主要な観光事業」では、鉄道事業、航空運送事業、宿泊業、旅行業、テーマパークといった主な観光ビジネスに関する基本的知識や観光との関係、近年の動向を学ぶ。またⅢ部では、

近年注目され始めている観光事業として「バス事業」と「客船事業」に関するコラムも掲載している。本書を通じて、観光や観光学についての読者の興味や理解が深まり、新時代の観光の担い手が育っていくことを願ってやまない。

　最後に、本書の出版に当たって、ご多忙の中、各章の執筆をお引き受けいただいた方々、出版をご承諾いただいた前著の執筆者の方々に改めて感謝申し上げたい。特に、『観光を学ぶ』の編著者の一人である白土健先生の全面的なサポートなくしては、本書は成り立ち得なかっただろう。さらに本書の出版の機会を与えてくださった八千代出版株式会社代表取締役・森口恵美子氏、編集担当者の井上貴文氏のご尽力に厚く御礼を申し上げる。

　2019 年 2 月

編著者　高柳直弥・太田実・中島智

目　次

はじめに　i

I 部　観光学と現代社会

1　観光学と観光の歴史　2
1　観光学とは　2
2　観光の語源と定義　4
3　日本の観光史　6
4　日本における観光の動向と課題　10
5　世界の観光史　12

2　観光と地域文化　18
1　観光と環境　18
2　地域の社会と文化を豊かにする観光　22
3　新時代の観光文化に向けて　25

コラム 1　世界遺産学習と世界遺産検定　29

3　観光と多文化理解　30
1　文化とは何か　30
2　文化を理解するために必要な力　31
3　観光で知っておきたい文化　32
4　観光と地域の活性化　35
5　観光と多文化理解の課題　36

II 部　現代社会における観光のマネジメント

1　観光とマーケティング　40
1　地方創生とDMO　40
2　マーケティングの基本　42

コラム 2　産業観光と企業博物館　50

2　観光の諸政策　51

1　観光行政の仕組み　51

2　観光庁と観光立国推進基本法　54

3　観光立国推進基本計画　55

4　アクション・プログラム　57

5　観光振興における支援事業と地域の段階　57

6　政府における主な観光振興事業　58

コラム3　MICE とビジネス　66

Ⅲ部　主要な観光事業

1　鉄 道 事 業　68

1　鉄道事業とは　68

2　鉄道事業の歴史　69

3　JR と私鉄　71

4　今後の鉄道事業　74

5　鉄道会社と観光ビジネス　75

6　観光列車事業　77

コラム4　鉄道系博物館と観光　81

2　航空運送事業　82

1　航空運送事業とツーリズム　82

2　航空運送事業の歴史　82

3　国際航空運送の変遷　83

4　大手航空会社のビジネスモデル　84

5　LCC のビジネスモデル　85

6　日本の航空運送事業の変遷　86

7　空港の整備と運営　87

8　航空会社の経営　88

9　航空機産業の展望　89

10　空港運営会社の現状　90

コラム5　その他の交通系観光産業　91

3　宿　泊　業　92

- 1　宿泊業とは　92
- 2　宿泊業と法律　92
- 3　ホテルの発達史　93
- 4　観光産業としてのホテル　94
- 5　ホテルの種類　95
- 6　ホテルの商品　97
- 7　ホテルの組織と仕事　98
- 8　ホテルの客室タイプ　100
- 9　ホテルの現状と課題　100
- 10　民　　　泊　101

4　旅　行　業　103

- 1　旅行業の概要　103
- 2　旅行会社の商品　105
- 3　旅行会社の業態と職種　107
- 4　旅行業の役割　110

5　遊園地・テーマパーク　112

- 1　余暇とテーマパーク事情　112
- 2　テーマパークとは　113
- 3　テーマパークの歴史と現状　114
- 4　富士急ハイランド入園料無料化と未来計画　119
- 5　今後の課題　120

　　　コラム6　職業体験型テーマパーク　122

引用・参考文献　123

索　　　引　127

執筆者一覧　131

Ⅰ 部

観光学と現代社会

1 / 観光学と観光の歴史

「21世紀は観光の時代」といわれるように、観光が国や地域の重要な政策として推進されている。その結果、観光学や観光教育に対する関心や期待も高まってきた。実際、観光学関連の書籍は数多く刊行され、観光関連の教育を施す機能を持った大学や短大、専門学校も増えている。

ただし、例えば経済学、心理学、教育学などの人文・社会諸科学に比べると、観光学は、固有の専門領域を持つ学問（ディシプリン）としては確立しておらず、具体的にどんな対象をどんな風に学んでいくのか、イメージは曖昧ではないだろうか。

本章では、観光を初めて学ぼうとする読者に向けて、学問としての観光について簡潔に紹介する。また、旅や観光の歴史を概観し、日本における観光の現状と課題について概説する。

1 観光学とは

1）観光を学ぶということ

観光とは何か。そのことを考えようとすると、まず旅行者の視点に立てば、観光行動が見えてくる。他方、産業や地域の視点からすると、観光産業（旅行業・宿泊業・運輸業など）や、観光を通したまちづくりを意味することになるだろう。そもそも、観光とは複雑で多面的な社会現象だ。

社会現象としての観光を研究する「観光学」は、いまだ独立した学問分野としては確立していないが、さまざまな専門領域から研究が進んできているのが実情である。

もっとも、読者の多くは観光の研究というよりも、観光関連業界への就職を考えているかもしれない。その場合、将来、国際観光の現場で活躍するために語学力を磨くのもよい。また、インターンシップを通して、観光実務を体験することも刺激的だろう。当然、**旅行業務取扱管理者資格**などの観光関連資格を取得することも有益である。これらは、就職活動において自分の強みになるだろうし、キャリアデザインのうえでも役立つことばかりだ。

では、こうした学習以外に、あえて学問としての観光すなわち「観光学」を学ぶことの意義とはどんなものなのだろうか。その答えは十把一絡げにはできないし、まずは読者自身に考えてもらいたい。しかし少なくとも、自分の興味関心のある分野から観光学を学ぶことによって、今より

旅行業務取扱管理者資格： 旅行業に関する国家試験資格であり、国内・海外を問わずに業務を扱う「総合旅行業務取扱管理者」と、国内のみの業務を扱う「国内旅行業務取扱管理者」、特定地域のみの業務を扱う「地域限定旅行業務取扱管理者」の3種類がある。

もっと幅広い視野や深い洞察力を養うことができ、自分なりのものの見方や考え方を身につけることができる、とはいえそうだ。

例えば、古くから経済活動としての観光に着目してきた観光経済学は、観光事業による**経済波及効果**を検討し、やはり早い時期から観光現象を扱ってきた観光地理学は、観光地という空間がどうつくり出されるのかを考察してきた。あるいは、フィールドワークによる文化理解に重きを置く観光人類学は、記述的なケーススタディ（事例研究）を積み重ね、観光と文化の関係を明らかにしてきた。

以上はほんの一例に過ぎないが、こんな具合に、一口に観光といっても、どんなメガネをかけるか（どんな専門的視点を据えるか）によって、見え方が違ってくることがわかるだろう。すなわち、観光学とは、さまざまな専門領域の視点から、観光という行為とそれに関わる社会現象を研究していく学際的・総合的な学問であるといえよう。

２）日本における観光学と宮本常一の示唆

日本では 1960 年に日本観光学会が設立され、1967 年に立教大学が社会学部に観光学科を開設するなど、1960 年代に観光学の研究・教育が始まった。特に、1964 年の東京オリンピック前後の観光開発と歩調を合わせる形で、応用的な研究や実務教育が進んでいった。

そのような研究・教育動向は実社会からの要請でもあったが、日本には今一つ注目すべき観光学の試みがある。それは、宮本常一 (1907-1981) による観光文化研究である。

宮本は、生涯をかけて日本列島を歩き続け、地域の生活文化を掘り起こし、各地の地域づくりに尽力した民俗学者である。若き日に、柳田國男が創始した**日本民俗学**と出会い、渋沢敬三の援助を得つつフィールドワークを積み重ね、『忘れられた日本人』をはじめとする多くの生活誌を世に送り出した。

そんな彼に転機が訪れたのは 1960 年代から 1970 年代にかけての観光ブームのころである。それは、**高度経済成長**とともに失われていく地域文化への関心の高まりの中で、そうした地域文化が資源となる観光を、当時の中央と地方の支配―従属的な関係や都市と農村の格差を解消し、さらに地域の人々が誇りと自信を回復する機会としてとらえ直そうとした試みだった。

宮本は、旅にはかつて「心のふれあい」や「人と人との結びつきの機会」が存在し、そうした人々の交流が地域の社会や文化を豊かにしてきたと考えていた（宮本 1975）。こうした自身のフィールドワークの経験に裏打ちされた旅の思想がオルタナティブな観光へのまなざしを生み出したといえるかもしれない。

経済波及効果：　新たな需要が発生した時、さまざまな取引や消費活動を通して、他の産業や商品に次々と影響を及ぼし、経済規模が拡大していく現象を指す。

日本民俗学：　日本人の生活文化を探る学問で、村や町などのコミュニティで生産活動に携わってきた普通の人々＝常民が研究対象である。そのため、実際に地域を歩き、景観や生産・生活の現場を観察し、人々からの聞き書きを行うフィールドワークが不可欠である。宮本常一については自伝的著作『民俗学の旅』（講談社学術文庫、1993 年）を参照。

高度経済成長：　日本経済が奇跡とも称される急激な成長を遂げた 1950 年代中ごろから 1970 年代初頭の経済成長を指す。その評価はまだ定まっていないが、単に経済的側面のみならず、日本の社会や文化に大きな変化をもたらす契機となったことに注意を払わねばならない。

Ⅰ　観光学と現代社会

　現在に目を向けると、グローバル化という時代の文脈の中で、日本では人口減少時代が到来し、東京一極集中による地域間格差が深刻化している。それだけに、宮本が実践的に問いかけた観光文化の創造は、まさに今日的課題として現れてきている。その意味で、宮本常一の望んだオルタナティブな観光のあり方は、持続可能な地域社会において成立する新時代の観光の可能性を解き明かす手がかりとなっている。

3）観光教育の展開

　日本では 21 世紀に入るころから、観光政策の刷新が具体化した。とりわけ 2006 年の観光立国推進基本法成立を受けて、観光関連の大学や学部、学科、コースの設置が相次いだ。そこでは、ホテルの経営管理やホスピタリティ・マネジメントといった観光ビジネスに直結する分野や、地域研究や文化研究の一環として観光にアプローチしてきた人文・社会科学分野を中心にカリキュラムが編成されてきた。加えて、観光の舞台となる地域社会と大学の連携による PBL も活発化してきた。そこでは、地域に根差した観光ビジネスや、観光を通したまちづくりを担うグローカルな人材を育成することが意図されている。

PBL（Project Based Learning／課題解決型学習）：　社会的課題に実践的にアプローチしていく学びのスタイル。学生が主体的に問題を発見し、課題解決に向けて取り組む能動的学修（アクティブ・ラーニング）を体現するものでもある。特に、観光事業は地域における問題発見とその解決が重要な課題となるため、観光教育の場では、PBL が実践されることが多い。

　グローバル化の文脈において成立し、同時に、ローカルな社会や文化の再認識・再発見を促進させる観光は、現代社会を考え、問い、変えていく切り口・ツールとしても魅力的である。今後は、こうした社会現象としての観光を批判的に読み解くとともに、地域に根差した観光のあり方を積極的に提案する必要がある。そのためにも、観光の舞台となる地域社会における「実践」と学術研究に裏打ちされた「理論」との絶えざる交流をベースに、観光学とそれが導く観光教育を発展させていかねばならない。

② 観光の語源と定義

1）観光をめぐる言葉

　（1）旅　まずは、観光という語を検討する前に、旅の意味について簡単に触れておく必要があるだろう。

　「旅はういものつらいものであった」と指摘したのは、柳田國男である。「タビという日本語はあるいはタマハルと語原が一つで、人の給与をあてにしてあるく点が、物貰いなどと一つであったのではないかと思われる。英語などのジャーネー（journey）は『その日暮らし』ということであり、トラベル（travel）はフランス語の労苦（トラバーユ、travail）という字と、もと一つの言葉らしい」（柳田　1976　45 頁。括弧内は筆者注）。それに対して、「楽しみのために旅行をするようになったのは、まったく新文化のお蔭である」（同上）と 1927 年に行った講演の中で述べている。前近代的な「旅」と、近代的な「旅行」を柳田は峻別しているのだ。

（2）**観　　　光**　　日本では、今日において観光を「楽しみのための旅行」ととらえることが一般的である。しかし、そもそも観光という言葉は中国の古典『易経』の「観国之光（国の光を観る）」に由来し、その国の輝かしい文物を視察して回るという意味である。また、「観」の字には「見る」とともに「示す」の意味合いもあり、「国の光を他国に示す」すなわち国威発揚を指す言葉として使われた。これは、幕末にオランダから寄贈された木造軍艦（蒸気船）「スンビン号」が「観光丸」と命名された例などに見ることができる。

ただし、今日でいうところの観光を表す言葉としては「遊覧」や「漫遊」が一般的に使われており、観光という言葉がツーリズムの訳語として公的に使われ始めるのは、昭和初期のことである。

（3）**ツーリズム**　　ツーリズム（tourism）という語は、「回転するロクロ」を意味するラテン語のトルヌス（tornus）に由来する。それは、1周回ってもとの場所に帰ってくることを含意し、「周遊」や「巡遊」を指す。そこからツアー（tour）という語も派生した。このツアーと行動、主義、学説などを表す接尾辞「イズム（-ism）」を組み合わせた言葉がツーリズムで、観光旅行や観光事業などを意味する用語として定着している。

２）観光の定義について

世界観光機関（UNWTO）は、観光を「1年を超えない期間で、余暇やビジネス等を目的として、居住地以外の場所を訪れ滞在すること」と定義している。この定義の特徴は、いわゆる業務旅行を包含している点にある。

日本では、1995年の観光政策審議会の答申「今後の観光政策の基本的な方向について」にある定義がしばしば参照されている。すなわち、「余暇時間の中で、日常生活圏を離れて行う様々な活動であって、触れ合い、学び、遊ぶということを目的とするもの」がそれである。この定義は上記のUNWTOのそれに比べると、**余暇**の視点が鮮明になっている。

一方、観光立国推進基本法をはじめ、観光に関わる法律には観光の定義・規定が存在しない。ここで重要なことは、社会が成熟し、日常／非日常、労働／余暇といった枠組みの境界が揺らぐボーダーレス時代において、観光行動は**レクリエーション**にとどまらず、ますます多様化しているということだ。

例えば、東日本大震災を持ち出すまでもなく、自然災害という非日常的な状況が多発し日常化するなか、**ボランティアツーリズム**が広がり、社会性の高い余暇を過ごす人が増えている。また、市民主体のまちづくりの実践が観光交流を生み、移住や**二地域居住**をうながすなど、生活と観光が連続するようになっている。

それだけに、観光の定義づけは、そう簡単なことではない。法制度上の

余暇（レジャー）：　生活時間から労働や社会生活に必要な時間と睡眠や食事などの生活必需時間を引いた「自由時間」を指す。ジョフレ・デュマズディエは、①休息、②気晴らし、③自己開発の3つの側面に注目している。デュマズディエ，ジョフレ著、中島巌訳『余暇文明へ向かって』（東京創元社、1972年）を参照。

レクリエーション（recreation）：　語源はラテン語のrecreare（再創造）で、日本では日常生活で疲れた心身を癒し、元気を回復する活動をいう。休養や保養、余暇活動などと訳され、具体的にスポーツやダンス、集団遊びといった個々の活動を指すこともある。

ボランティアツーリズム：　ボランティア活動を主目的とした観光形態のこと。具体的には、災害復興支援のほかにも、国際協力などの活動がこれに当たる。

二地域居住：　都市住民が農山漁村などにも同時に生活拠点を持ち、定期的に行き来しながら生活や仕事をするライフスタイルのこと。

I　観光学と現代社会

厳密な定義というよりも、私たち一人ひとりが観光の意味について今一度考えることが必要である。

③　日本の観光史

1）日本の旅文化の始まり

　本節では、日本の歴史の中で旅や観光がどのようなものであり、それらが社会や文化の形成にどのような影響を及ぼしてきたのかを少し探ってみたい。

　（1）巡　　礼　　旅文化の始原は、洋の東西を問わず、巡礼など宗教に関わる旅に遡ると考えられている。**四国遍路**は、815年に、弘法大師**空海**が定めたとの伝承を持つ88の霊場寺院（札所）を巡る巡礼である。高野山正智院の道範が書いた『南海流浪記』には「善通寺に詣で、師の聖跡を巡礼す」とあり、鎌倉時代に僧侶が修行に訪れていたことがうかがえる。

　その後、江戸時代に入って、広く庶民の間にも普及して以来、四国遍路は多くの老若男女を惹きつけてやまない。空海とともに聖地を歩くという「同行二人」の信仰を携えて巡礼する人々は「お遍路さん」と呼ばれ、八十八の煩悩を消し、結願を目指すことになる。一方、札所がある地域では、お遍路さんを迎える「遍路宿」や「お接待」の文化が生み出され、今なおお息づいているのである。

　（2）湯　　治　　温泉に入浴して療養・保養することを湯治という。火山列島である日本には多くの温泉地があり、各地に古くから湯治場が発達した。鉄輪温泉（大分県別府市）はその一つであり、鎌倉時代に**一遍**上人が遊行（念仏行脚）の途中に訪れ、蒸し風呂（岩風呂）等を整備し、湯治場を開いたことに始まるといわれている。

　当初の利用者は、貴族など支配階級に限られていたが、江戸時代に入ると、庶民を巻き込んでブームとなる。特に、農民は農閑期に農作業の疲れを癒しリフレッシュするために、温泉の蒸気を利用する地獄釜を使い、自炊をしながら長期滞在をするようになった。「湯七日」「湯十日」という言葉があるが、7日〜10日が1単位であったようで、1カ月以上滞在する人も珍しくはなかったようである（宮本　2006）。こうした湯治行は、日本のリゾートあるいは滞在型観光の原型とみなすことができるのではないだろうか。

2）江戸時代の庶民の旅

　（1）伊勢参宮　　「一生に一度の伊勢参り」「伊勢へ七度、熊野へ三度、愛宕さまへは月参」。そんな言葉が巧みに表現しているように、**伊勢参宮**は、江戸時代における庶民の旅の広がりを示す典型である。当時、原則として庶民の移動は制限されていたが、湯治のような療養に加え、信仰を名

四国遍路：　四国八十八カ所巡りとも呼ばれ、88の霊場は四国4県に点在し、全長1440kmに及ぶ。そもそも「遍路」の語源は、海浜修行を指す「辺地修行」や「辺路修行」という言葉に由来するという説がある。

空海：　讃岐の国（香川県）出身で日本史上の傑出した宗教者であり、その守備範囲は、学問や芸術、医療、土木・建築などにも及ぶ天才。「お大師様」などと呼称されることからもわかるように、空海の修行や実践は伝説化し、いわゆる大師信仰を形成した。

一遍：　時宗の宗祖。民衆に念仏をすすめる諸国遊行の旅を生涯続けた。国宝に指定されている「一遍聖絵」（一遍上人絵伝）は、その旅の様子を伝えている。

伊勢参宮：　三重県伊勢市にある伊勢神宮に参拝すること。なお、宮参りのことを「参宮」と呼ぶのは、伊勢参りだけである。

目とした旅は隆盛していった。神崎宣武は、「享保3 (1718) 年4月に、伊勢山田奉行が参宮者数を幕府に上申した例がある。それによると、この年の正月から4月15日までのあいだに、42万7500人となっている」(神崎2004) と報告している。その大規模な庶民の旅をサポートし、宿や食事の手配を行ったのは、御師であった。ゆえに、御師は日本の旅行業者の先駆けといえるだろう。

そして、こうした庶民の旅を支えていた組織が講である。そもそも農民が個人で旅行費用を捻出することは難しく、村や町で募った講のメンバーで費用を積み立て、くじ引きに当たった人が代参したのである。庶民の旅が信仰（共同体）に根差した相互扶助の仕組みに支えられていた点は、みやげの起源を考えるうえでも興味深い史実である。すなわち、講を代表して参拝する人に対して見送る人々が餞別を渡す。一方、代表者は参拝してきた証としてみやげを買い、餞別をくれた人たちにお返しをしたのである。こうした習慣が日本の旅・観光文化の発展に貢献したことはいうまでもない。また、いわゆるご当地ものの生産・商品開発は、地域経済を成長させていったのであろう。

このように、伊勢参宮が地域の文化と経済に与えた影響は、計り知れないものがある。

(2) 庶民を旅へと誘った出版物　幕藩体制が敷かれ、参勤交代が行われるようになると、**五街道**や多くの宿場町が整備され、人々の移動が活発化した。そして、移動の活発化は情報の流通を促進し、人々を旅へと誘う出版物も広がっていった。

例えば当時、数多く刊行された道中記は、人々に旅のノウハウを伝える今でいうガイドブックであり、なかでも八隅蘆庵の『旅行用心集』(1810年) はベストセラーとなった。また、十返舎一九の『東海道中膝栗毛』(1802年) は、弥次さん喜多さんの珍道中を描いた滑稽本の代表作でもあるが、そこには、目的地そのものよりも道中を楽しむという旅の哲学が如実に表れている。

3）日本の近代観光の黎明期

(1) 近代旅行業の始まり　1905年、東海道線の草津駅（滋賀県）で駅弁を販売していた**南新助**が鉄道の団体割引切符を利用し、善光寺参拝や高野山参拝、伊勢神宮参拝などの団体旅行を企画した。これが日本初の旅行会社である日本旅行会（後の日本旅行）が生まれる契機となった。団体旅行は、日本の近代観光を大きく特徴づけるものである。今日も続けられている**修学旅行**は、その代表例であり、学校教育としては1888年に通知された尋常師範学校準則で規定されたことに始まる。国内観光の盛り上がりは、鉄道の敷設・鉄道網の整備とともに、江戸時代に隆盛した村や町の「講」

御師：　本来は伊勢神宮での祈願を代行する神主のことを指し、後に今でいうところのツアーコンダクター的役割を果たすようになった。例えば、参詣人の宿泊に自宅を提供し、食事をふるまった。江戸中期には600家から700家に及ぶ御師がいたといわれている。

講：　本来は仏教用語であり、仏典の購読や儀式一般を指す。ここでいう講とは、信仰を共有する人々の間で組織化された団体で、特に社寺参詣を目的としたものである。伊勢講以外にも、富士講や三峯講などがある。なお、浪花講など江戸末期に登場した旅籠の協定組織のことを指して用いられることもある。

五街道：　東海道、中山道、日光街道、奥州街道、甲州街道。歌川広重の版画でも知られる東海道は、それぞれの宿場町で人々が自普請で、つまり自分たち自身の手によって、街道を整備したことが知られている。

南新助（1885-1972）：　滋賀県栗太郡草津町（草津市）出身。草津宿の名物である姥が餅や駅弁の販売を家業としていたが、国鉄を活用して団体旅行を企画し、日本初の旅行会社の創業者となった。

修学旅行：　日本独自の学校文化にして観光文化である。その起源には諸説あるが、1886年2月15～25日に行われた東京師範学校の銚子への長途遠足が、『東京茗渓会雑誌』第47号（1886年12月）において「修学旅行記」という記事で紹介されている。

I　観光学と現代社会

の仕組みが受け継がれたものと考えられる。ここに、江戸時代からの旅の文化の連続性を見出すことができるだろう。

　一方で、文明開化が叫ばれた明治時代には、産業化に向けた外貨の獲得を目指して、国際観光が意識されるようになった。その原点は、外客（外国人観光客）の誘致を目的とした民間組織である**貴賓会**に求めることができる。貴賓会は、1893年に**渋沢栄一**と益田孝の発案によって設立されたものであり、英文の日本地図やガイドブックの発行などを行ったが、1914年に解散し、後に1912年に政府（鉄道院）主導により設立されたジャパン・ツーリスト・ビューロー（Japan Tourist Bureau）に引き継がれることになった。これが現在のJTBの起源であり、すでに戦前にはヨーロッパ諸国や中国本土にも案内所を展開する大企業へと発展していた。

　（2）昭和戦前の観光政策　　　1930年に鉄道省の外局として国際観光局が設置され、ここに公的に初めて「観光」という言葉が用いられた。そして同年7月に鉄道大臣の諮問機関として外客誘致に関する事項を審議する国際観光審議会が設置され、翌1931年には国際観光局と表裏一体の組織として国際観光協会が設立された。政府の狙いは、外貨獲得のための外国人観光客の誘致および受入れ態勢の整備を図ることにあった。折しも1934年は金本位制からの離脱に伴い円が暴落し、外国人観光客が急増した。さらに1936年には訪日観光客数、日本人観光客数ともに戦前の時期としてはピークを記録している。

　一方、昭和になると国の政策動向と呼応し、地域においても「観光」という名称を冠した事業が現れてくるとともに、外国人観光客の受入れ機関や観光協会が設立されるようになる。ちょうど、日本人の間でも庶民の娯楽としての旅行が流行し、観光客誘致の切り札として**日本新八景**や**国立公園**が選定された時代であった。そのころ注目されたのは志賀重昂の『**日本風景論**』で紹介されたような日本らしい（と学者らによって意味づけられた）自然景観であり、それらは多くの場合、潜在的な観光資源にとどまっていた。したがって、そうした自然景観を活用して観光開発を行うことへの関心が高まり、観光ブームを呈するに至ったのである。

　ところが、1937年に日中戦争が始まり戦時体制の色彩が強くなると、観光も冬の時代を迎えることになる。

　ただし、開戦によって観光事業や人々の旅行がただちに自粛されるようになったわけではないようである。宮脇俊三は、「『不要不急の旅行はやめよう』のポスターが駅々に貼られるようになったのは、昭和15年の夏頃からだったと思う。それは『不要不急の旅行』者が多いことの証左でもあった」（宮脇　2015）との証言を残している。実際、1940年は**紀元2600年**に当たり、各地で記念行事が執り行われたのであり、ケネス・ルオフの

貴賓会（welcome society）：命名は『詩経』に由来するが、それは鹿鳴館と同様である。つまり、外国人客を手厚くもてなすことで、欧米並みの一流国として日本をアピールし、不平等条約を改正しようとする外交的意図があった。

渋沢栄一（1840-1931）：「日本資本主義の父」と呼ばれる。銀行のほか、鉄道会社やホテルなど数多くの企業の設立に関わると同時に、医療や福祉、教育に関わる社会活動にも尽力した。その思想は、『論語と算盤』（1916）にうかがい知ることができる。

日本新八景：1927年に東京日日新聞と大阪毎日新聞が企画したハガキによるご当地の風景の人気投票に基づくもの。

国立公園：1931年に国立公園法が制定され、1934年に雲仙、霧島、瀬戸内海などの国立公園が誕生した。

『日本風景論』（1894年）：地理学者にして政治家でもあった志賀重昂（1863-1927）による近代的な風景論の名著。自然科学的な視点をとりつつ、日本の風景の美しさやその独自性を文学的に提示している。本書の刊行は、近代的な登山が普及するきっかけになったともいわれている。

紀元2600年：戦前日本を特徴づける万世一系思想に基づき、1940年は、神武天皇の即位後2600年の節目に当たる年として、さまざまな形で国家的祝典が企画・実施された。1936年に開催が決定したものの、1938年に返上することになった幻の東京オリンピックも、この祝典の一環であった。

研究に従えば、観光がピークを迎えるのはこの年であった（ルオフ 2010）。

だが、1941 年に一般の旅行業者は解散を命じられ、ジャパン・ツーリスト・ビューローから名称を変更した「東亜旅行社」（後に「東亜交通公社」と改称）が旅行業務一切を統括することになる。そして 1944 年の旅行証明制度によって基本的に 100 キロ以上の遠距離旅行者は旅行証明書が必要となると、事実上、観光旅行を行うことは不可能になったのであった。

４）戦後の観光の変遷

（１） 戦後復興期 戦後復興という時代の文脈の中で、「時代の寵児」と評されたのが観光事業であった（運輸省 1947）。

敗戦の翌年、1946 年には運輸省鉄道総局業務部に観光課が設置され、これが 1949 年に運輸省大臣官房観光部に昇格した。また、余暇をめぐって 1947 年に第 1 回全国レクリエーション大会が石川県で開催され、同年に日本レクリエーション協議会（現・日本レクリエーション協会）が設立された。

このように敗戦後の比較的早い時期に観光政策は再開された。社会全体からすれば貧しい状況ではあったものの、外貨獲得のためのインバウンド観光や国民が余暇を楽しむための条件が徐々に整えられていったといえる。

（２） 高度経済成長期～バブル期 高度経済成長によって国民の経済生活が豊かになると、観光旅行が大衆化し、マスツーリズムが本格化してくる。それは**モータリゼーション**の進展や**ジャンボジェット機**の就航と表裏一体をなしたものであった。

政策面では、1963 年に観光基本法が成立し、翌 1964 年 4 月に海外旅行の自由化が制限つきながら実現した。また、同年 10 月 10 日に東京オリンピックが開催された。そこでは、競技施設以外にも、**東海道新幹線**や名神高速道路をはじめ、さまざまな社会資本が整備されるなど都市再開発が一気に進んだのであった。1960 年代が、個人所得の飛躍的な高まりの中でレジャーブームに沸いた時代であったとすれば、その火つけ役が東京オリンピックであったといえるだろう。

そして、オリンピックに次ぐ国家イベントとして 1970 年に大阪で日本万国博覧会が開催され、約 6400 万人の来場者を数えた。1970 年は、日本の宿泊旅行が国民一人当たり 1 回以上を記録した年である。レジャーとりわけ家族旅行が一時的なブームを超えて、国民のライフスタイルとして定着したのは、このころであったといわれている。

1970 年代から 1980 年代にかけては、大規模な観光開発が進められた時代であった。1975 年の沖縄国際海洋博覧会の開催は、ホテル建設をはじめ、沖縄のリゾート開発を後押しし、1981 年の神戸ポートアイランド博覧会の成功は、地方博覧会ブームを引き起こした。やがてバブル時代に入ると、

モータリゼーション：「車社会化」とも呼ばれるように、自動車（自家用車）が普及し、社会に影響を及ぼす現象。近年では環境や福祉、まちづくりの観点から「脱車社会」への転換も課題となっている。

ジャンボジェット機：ジェットエンジンを用い、その推力で飛行する航空機をジェット機という。特に 1970 年に登場したボーイング 747 は、「ジャンボ」と呼ばれ親しまれるようになった。大型旅客機の就航は、大量・高速輸送によって、庶民の海外旅行を実現し、国際観光時代の幕開けを告げる出来事であった。

東海道新幹線：東京オリンピックの開幕直前の 1964 年 10 月 1 日に東京―新大阪間が開業した。国産の最新技術をもって開発された新幹線は、日本の技術力を世界に知らしめると同時に、戦後復興を経て高度経済成長を支えていた国民に自信を与えた。

I　観光学と現代社会

1987年に総合保養地域整備法（通称：リゾート法）が成立し、各地で**リゾート開発**が計画された。が、**バブル経済**が崩壊すると、その多くは環境面や財政面に大きな禍根を残しながら頓挫したのであった。

（3）　1990年代〜現在　　経済の長期低迷の時代にあって、観光の重要性が地域活性化という課題と関連して再認識されるようになってくる。

実は、1960年代後半から各地に広がっていった草の根からの町並み保全や農村都市交流が、重要な政策課題として取り上げられるようになったのも、このころであった。エコツーリズムやグリーンツーリズムを含む観光まちづくりがそれであり、従来の産業振興に偏重した観光開発を見直し、地域住民が主体となった持続可能なまちづくりに重きを置くものである。

一方、旅行者は、インターネットの普及によって直接、観光目的地と結ばれるようになってきた。情報通信技術の発達が情報の公開・共有を活発にすると同時に、旅行会社の中抜き現象をもたらしていることは間違いない。近年、注目を集めている**アニメ聖地巡礼**も、こうした情報化の流れの中で生まれてきた旅行形態であるが、そこで見られるアニメファンと地域住民の交流や、それを契機とした多様な主体の協働によるまちづくりは、持続可能な観光の一つのあり方を示唆しているのかもしれない。

４　日本における観光の動向と課題

1963年の「観光基本法」成立のころから長らく日本の観光は、旅行会社のパッケージツアーに見られるような団体旅行が中心であった。しかしながら近年、観光の形態は大きく変わりつつある。例えば日本経済の成熟化、人々の価値観の多様化・個性化と相まって、**スペシャル・インタレスト・ツアー**と呼ばれる個人旅行が増えている。またインターネットやスマートフォンなどのICT（情報通信技術）を巧みに用いて、旅行会社を通さない手づくりの旅を楽しむ「成熟した旅行者」も多く見られるようになってきた。

かつて、ものづくり産業に比べて軽視され、また贅沢な金銭消費を伴う悪しき娯楽としてとらえられがちであった観光も、今では多くの人々の参加する余暇活動として浸透している。人口減少や産業の空洞化が問題となる時代にあって、とりわけ2003年の「観光立国宣言」以降は、政策的な後押しも得て、インバウンド観光が地域振興の切り札として重要な役割を担うことになった。そして2013年に訪日外国人旅行者数が1000万人を突破したことは記憶に新しい（ちなみに、2016年には通年ベースで2000万人を突破した）。

この50年ほどでマスツーリズムが普及し、誰もが気軽に観光を楽しめるようになった。そして最近では、**着地型観光**が注目されるようになるな

リゾート開発：　1987年にレジャー産業関連では国内初の法律として「総合保養地域整備法」（通称：リゾート法）が制定された。しかし実態は、国立公園地域や水源保安林、農業振興地域の開発制限を緩め、不動産業者による土地買占めを認め、環境破壊を進める結果となった。

バブル経済：　土地や株に投資をすることで、実態をともなっていない泡のような経済状態のこと。ここでは日本の1980年代後半から90年代初頭にかけての時期を指す。

アニメ聖地巡礼：　アニメの舞台や作者に関連する土地は、「アニメ聖地」と呼ばれるが、アニメファンがこうしたアニメ聖地を訪れる旅行形態のこと。「アニメツーリズム」や「コンテンツツーリズム」と呼ばれることもあり、観光振興はもちろん、まちづくりの観点からも注目されている。

スペシャル・インタレスト・ツアー（SIT）：　個人の趣味や関心、特定の目的に沿って企画されたテーマ性の高いツアーを指す。その活動は、体験や交流、学習を中心としている。

着地型観光：　到着地が主導する地域資源を活用した体験型の旅行商品のこと。出発地の旅行業者が企画してきた「発地型観光」に対し、多様化した旅行者ニーズを満たし、かつ地域づくりに資するものとして期待されている。

10

ど、それぞれの地域ごとに個性化が進みつつあるのである。

　ただし、その評価は人それぞれであろう。例えば、従来の観光振興はともすればビジネスの視点が薄くなりがちであった。また、自然災害やテロ・紛争が世界各地で多発しており、そのことが観光活動の脅威になっている。しかし同時に、地域に根差した観光は、そうした環境や平和をめぐって地球規模で広がる諸問題の解決に貢献する可能性を秘めているのではないだろうか。

　20世紀に先進国を中心に普及した**マスツーリズム**は、地域の環境を活用することで経済的利益を得る一方で、その環境を悪化させてきたことも否めない。こうした環境に対する負の効果を克服するためにも、地域の環境と調和した観光の仕組みづくりとそれを通した人々の環境保全や多文化共生への意識づくりこそが21世紀の重要な課題となるであろう。まさに、エコツーリズムやグリーンツーリズム、ヘルスツーリズム、スポーツツーリズム、産業観光といった**ニューツーリズム**が希求される所以でもある。

　このような変化を踏まえて、日本の観光を発展させるために検討すべき今後の課題として以下3点を提示し、本節の締めくくりとしたい。

　第一に、観光振興に地域マネジメントやマーケティングの視点を導入することである。**日本版DMO**は、そのための具体的な方策として期待されており、着地型観光の仕組みづくりに向けた大きな一歩である。現在、地方創生の柱として全国各地で設立が進みつつあるが、それぞれの地域のローカルな多様性を前提として、中央と地方の公正な関係を構築していく視点が必要不可欠である。

　第二に、住宅宿泊事業への取組みである。2018年、「住宅宿泊事業法（通称：民泊新法）」が施行され、従来は国家戦略特区だけでしか認められていなかった民泊事業が解禁された。それは地方を中心に増加している空き家対策や外国人旅行者の宿泊需要への対応、2020年の東京オリンピックに際しての宿泊施設不足対策などとして注目されているが、民間外交として顔の見える国際交流を行う機会の拡充も期待される。さらに、生活者の目線から、埋もれた観光資源を発掘し、地方における観光の可能性を拡げていく契機となる。そのためにも、安全対策や近隣住環境に配慮しつつ、ホテルや旅館とはまた違った等身大で誠実なホスピタリティを実現していくことが求められる。

　第三に、統合型リゾート（IR：Integrated Resort）にまつわる課題がある。統合型リゾートとは、ある特定区域に国際会議場やホテル、ショッピングモールなどを整備することで観光集客を目指すものであるが、現下の日本において期待されているのは、観光政策の底上げと地方創生の促進である。他方、統合型リゾートはカジノ（賭博場）を含むもので、ギャンブル依存

マスツーリズム：　観光の大衆化を意味する。すなわち、特定の人々だけではなく、多くの人々が気軽に余暇活動として旅行を楽しめるようになったことを指す。一方、マスツーリズムはその過程において、観光地に環境問題をはじめとするさまざまな悪影響をもたらしたため、多くの批判がなされるようになった。

ニューツーリズム：　大量生産・大量消費型の観光に代わる新しい観光形態のこと。日本において使われている用語であるが、海外では一般にオルタナティブツーリズムと呼ばれる言葉がこれに当たる。

日本版DMO：　DMOとは、Destination Management/Marketing Organization の略で、観光ビジネス活動体を指す。2015年12月に観光庁が開始した日本版DMO候補法人登録制度においては、地域の「稼ぐ力」を引き出し、連携による観光地域づくりの舵取り役を担う法人のことである。

Ⅰ　観光学と現代社会

症や風紀の乱れ、治安の悪化などが懸念され、根強い反対意見もある。こうしたなか、2016 年に「特定複合観光施設区域の整備の推進に関する法律（通称：カジノを含む統合型リゾート推進法）」が成立、2018 年には統合型リゾート実施法（略称）が制定された。観光立国政策の思想の内実と具体的な方向性が問われているのだといえよう。

5　世界の観光史

　2000 年以上も前の旅人のためにつくられた石畳の街道が現存している。古来、人々は旅の成果にさまざまな期待を寄せ、その「しやすさ」を得るべく、知恵や財・労力を投下してきた。それは、旅をすることが今よりはるかに危険であった時代にあっても、人は何らかの理由で旅の遂行を望み、旅することの価値を見失わなかったということでもある。

　ここでは、主に西欧を対象にまとめられてきた旅の文化史を抜粋して紹介する。過去の出来事や状況変化から、旅行の「しやすさ」や「しにくさ」につながる諸条件をより多く見出してほしい。

1）旅の目的と形

　人類にとって、おそらく最も古くからの旅に、身体的な安全を獲得するための移動、**避難する旅**が数えられる。厳しい気候条件、飢えや外的脅威から逃れ、食料の入手が容易で暮らしやすい土地へと向かう旅である。

　それから、指示・命令などにより**させる／させられる旅**がある。奴隷制度があった社会の多くは戦争をすれば捕虜を奴隷にして連れ帰ることを常としたし、『万葉集』に歌が納められた防人（さきもり）のように、国家の命令で遠方へ行かされる人もいる。強制力や個人の同意の程度は状況によって異なるであろうが、現代でも出兵や駐屯の軍務、企業や公的機関の出張、赴任などは、「させる／させられる旅」に位置づけられる。

　未知の彼方を目指す冒険や、お祈りや祭りの場に集まることも、比較的早い時期に現れた旅の形である。冒険は、人間の「探究心──もっと知りたい気持ち」に導かれた旅といえるであろう。紀元前 4 世紀のマケドニア、アレクサンダー大王は率先して遠征し、15 世紀のスペイン、イザベラ女王は船を与えてコロンブスを航海に送ったが、「彼方にあるものを得たい、わかりたい、そうすればもっと……」という思考はその両者に汲み取れる。

　参詣や祭事については、ギリシャの例を挙げておこう。古代ギリシャでは人々がいくつもの小国家（ポリス）に分かれて集住していたが、ポリス間の往来はあって、占いが有名な神殿へ遠出する人もいるし、祭典の場にはあちこちのポリスから人が集まった。ギリシャ人は同じ神々を信仰しており、ゼウス神に捧げる体育と芸術の祭りには、ポリス同士が戦争中でも休戦し、開催地のオリンピアに参集するのが当然のこととされていた（**古**

避難する旅：　高校の世界史の教科書にあった「民族移動」や「蛮族の侵入」も多くはこれに当たる。もちろん、戦乱や圧政、災害などを逃れ、やむを得ず越境する人は、現在も少数ではない。

させる／させられる旅：　楽しみを求めて自主的に出かける「観光」と対照的であるが、実際には、例えば、社用で訪れた街を観光することもある（兼観光）。その場合はどちらの要素も持ち合わせているといえる。

古代オリンピック：　紀元前 9 世紀ごろ－紀元後 393 年（293 回）。宗教行事としての競技祭で、ギリシャを征服したローマにも引き継がれた。1896 年からの近代オリンピック大会は、発案者クーベルタン男爵の国際平和を願う思いから、これにあやかって命名されたものである。

代オリンピック）。また、遠方から来る人には、近隣住民が食事や寝場所を提供した。後の時代に「古代ギリシャのホスピタリティ」と呼ばれるようになったこのようなふるまいについて、**プラトン**は神々から罰を受けないための義務のようなものだと考え、**アリストテレス**は賢人の示すべき徳だと考えていたという。

　楽しむための旅が登場するのは比較的後の段階であったと考えられるが、それでも2000年以上遡れる。紀元前1世紀ごろ、ローマの地主たちは街の外れや郊外の海辺などに優雅な施設や庭園のある**ヴィラ**を所有し、家族や知人と夏の滞在を楽しんだ。**リゾート**の過ごし方である。8世紀中国、唐の玄宗帝は、温泉地の別荘に寵姫である楊貴妃を住まわせていた。別荘は、その根源的な部分に、喧騒や雑事、暑さ・寒さ、時には流行病から逃れるなどの、「避難所」という性質を見ることができる。しかしながら、現代では積極的に出かけていく楽しい休暇空間としてのイメージが強くなっている。

　このほかにも、古代ローマにはたくさんの「出かける楽しみ」があった。浴場施設での社交、図書館での読書、芸術鑑賞、贅沢な宴会、格闘技や競馬の観戦などが行われていた。

2）古代ローマに見る旅と遊びの環境

　2000年も前に、楽しむための外出や別荘への旅が存在した古代ローマとは、どのような国だったのだろうか。

　「**すべての道は、ローマに続く**」という言葉がある。これは、今も使われている主要な道や街が、古代ローマ期に広範囲に数多く築かれたことをいっている。ローマ人は、征服した広大な領土を平定しておくために各地に拠点の街をつくり、それらの街と首都ローマを結ぶ幹線交通網を整備した。道を介しては、ローマの貨幣が流通した。ローマの土木技術は優れていて、兵士や使者の馬車のためにできるだけ起伏の少ない、悪天候でも水はけのよい敷石道路がつくられた。

　水道や浴室をつくる術にも秀でていた。現代のローマで観光名所になっている水道橋やトレビの泉は、古代につくられた水道施設である。また、ギリシャの浴場施設を発展させた**ローマ風呂**を建設した。ローマ様式の浴場は、首都ローマだけでなく拠点の街などその領土の広範囲に築かれ、その中からは、後年、近代屈指の温泉リゾート都市が生まれた。

　ローマの政治家は、競技会や音楽会、演劇などの見世物を提供することに熱心であり、イベントを催したり施設を造営したりした。

　古代ローマでは、強くて広い国の中で、馬車に対応した交通網や貨幣制度が広域にわたって整えられ、市民には娯楽が意識的に与えられていた。また、比類ない国力があったために、暮らしや設備が戦火で破壊されるこ

プラトン／アリストテレス：　古代ギリシャの哲学者。

ヴィラ（villa）：　古代ローマの別荘。当初、営利農場での農作業とそこで働かせた奴隷用の農場家屋であったらしいが、紀元前1世紀には休暇用にも使われ、はじめから休暇用の農場のないヴィラが建てられるようになった。

リゾート（resort）：　リゾートという単語は、そのもとの語義に「繰り返し行く」という意味を含んでいる。日本ではそのままカタカナで用いられることもあるが、訳語「保養地（域）」が使われることもある。

すべての道は、ローマに続く：最大時のローマの領土は、地中海を囲んで、ヨーロッパから、西アジア、アフリカ北岸まで達し、ローマの街道はそれを網羅するように整備された。古代ローマ期に礎が築かれた都市には、ロンドンやウィーン、パリなどがある。

ローマ風呂（Roman bath, Thermae）：　有力者の私邸用と大小の公衆浴場とがあった。テルメ（Thermae）は後者のより複合的な施設をいう。カラカラ帝やディオクレティアヌス帝の浴場跡など、数千人規模で入浴でき、壁暖房やサウナ、休憩室まで備えたものがあった。近代ヨーロッパ屈指の温泉保養地であるイギリス・バース（Bath）やドイツ・バーデンバーデン（Baden-baden）は、ローマ時代の温泉場が中世にいったん衰退した後、近代科学の温泉効能への評価により再興したものである。

I　観光学と現代社会

とも少ない「ローマ人の平和な時代」が比較的長く続いていたのである。

「平和」と「承認」は、旅行者にとって、重要な条件である。一般に、人々は安全に行って来られると思えない旅に好んで出かけないし、旅先や留守にする時間について社会や周囲の人々が許容するかどうか気にかける。ローマ市民の旅行環境においては、まずそのような基本的条件が整っていた。加えて、機能的な街道や貨幣などの旅を快適にする社会制度も提供されていたのである。

3）中世の巡礼と商業、東西交通

4世紀末にローマの国が東西に分かれた後、他民族からの侵入を受けて西ローマが崩壊すると、西ヨーロッパでは諸王国が乱立した。西ローマ滅亡以降、イタリアでルネッサンス文化運動が始まる「近世」までの間を、ヨーロッパ史で「中世」と呼んでいる。ヨーロッパでは、ローマ時代に国教として保護され全域的なものになっていたキリスト教、すなわち教会の力がとても強くなった。

人々の宗教熱は高まったが、教会の戒律も厳しくなったから、遊びでの外出や裸の付き合いはしづらくなり、ローマ時代に花開いた温泉文化は衰退した。一方、活発になった旅は、聖地・聖蹟などへの巡礼であった。特に地中海東岸パレスチナ地方の**聖地エルサレム**、西はスペイン北部の十二使徒の一人聖ヤコブの聖地サンティアゴ・デ・コンポステーラが、中世を通じ、高名な巡礼地となり、多くの巡礼者を迎えた。中世末期には、ヨーロッパからエルサレムへの巡礼船を商売にする者も現れた。

混乱が収まってくると、教会や諸侯の荘園で作物の生産性が上がって荘園から売却される作物が増えたため、商うものが増えた商業が拡大した。各地から聖地への巡礼の道は交易路としても活用され、通行量の増えた道で行き交う人々のニーズに対応する商売が活発化した。巡礼船の登場もこのような流れの中にある。

十字軍遠征は、ヨーロッパのキリスト教勢力が当時イスラム教国の勢力下にあった聖地エルサレムを取り込もうとして攻め込んだ戦争で、1096年から1270年までの間に7回行われた。戦争自体は血なまぐさい歴史だが、その都度、西ヨーロッパとエルサレム方面を行き来する大規模な交通量が生じ、戦況報告やみやげ話などにより大量の東方の情報がもたらされたので、東西の交易の拡大に作用した。イスラム圏と交易付き合いのあったヴェネチアなどの都市は戦争特需で繁栄し、また、**シルクロード**を介して技術、知識、物資などがより積極的にヨーロッパにもたらされるようになった。13世紀のシルクロードでは、モンゴル帝国の元やイルハン国が、駅逓制度を導入して利便性を高めていた。『東方見聞録』で知られる**マルコ・ポーロ**も、そのころのシルクロードの旅人である。

聖地エルサレム：　パレスチナ地方にあるユダヤ教、キリスト教、イスラム教の3つの宗教の聖地。かつて古代イスラエルのユダ王国の首都であった。

シルクロード：　古くからのユーラシア大陸の東と西の往来ルート。内陸の草原、オアシスの街をたどる道や海路を含む複数のコースがあって、時代時代でも動きがあった。「絹の道」という印象的な呼び名は19世紀のドイツの地理学者リヒトホーフェンによる造語で、中国産の絹が地中海沿岸へ運ばれていたことに由来する。

駅逓：　手形による替え馬や宿泊場所の提供制度。

マルコ・ポーロ（Marco Polo, 1254-1324）：　イタリア・ヴェネチアの商人。ペルシャ、中央アジアを経てモンゴル帝国、元に至り、皇帝フビライ・ハーンに仕える。後に口述した『東方見聞録』が刊行され、ヨーロッパ人のアジア像に影響を与えた。

4）近世─大航海時代と彼方への興味

　中世末期から交易で栄えたイタリアの都市は、その後、人間中心主義という考え方を掲げるルネッサンス文化運動の発祥地になった。人間中心主義はさまざまな領域に影響を及ぼし、それまで宗教的な作品が多かったヨーロッパの芸術家に新たな作風を与え、また、神に頼らずに人の力で自然の解明や活用を目指す「近代科学」が育つ土壌にもなった。

　大航海時代（Age of Discovery）は、15世紀の半ばごろから始まった。大西洋に面したスペインやポルトガルが先駆け、オランダの船が続いた。羅針盤を備えるようになった彼らの船は、アフリカの南を回ってインド、東南アジアに達し、あるいは大西洋を越えて南北アメリカに至った。アメリカ大陸は、この時初めてヨーロッパ人の視野に入ったため、その後しばらく「新大陸」と呼ばれた。17世紀前半までに、それまで離れていた大陸はすべて海路でつながった。そこから「世界」は地球規模になっていったので、大航海時代をグローバリゼーションの始まりとみなすこともある。

　遠方から持ち帰られた資源や知識は、船を出した国々に巨額の富をもたらした。運ばれてきた目新しいものへの興味からは、東洋学や博物学が生まれた。このような自国以外の社会や文化への興味の高まりは、旅の教育効果の評価にもつながっていく。16世紀になると、ヨーロッパの貴族や富裕な家の子弟の間では、**グランド・ツアー**と呼ばれる周遊型の学習旅行が増加した。

5）旅行業と近代観光の成立

　19世紀のイギリスは、他国に先駆けて**産業革命**を遂げ、**鉄道**を敷設し、対外的には植民地支配を拡げていた（帝国主義政治による大英帝国 British Empire の膨張）。工業生産が伸び、新たな富裕層が育ってきていたが、一方で、工場労働者の居住区は劣悪な環境で、給賃を安酒に注ぎ込む中毒者が都市に目立っていた。

　1841年、禁酒運動に取り組んでいた牧師の**トーマス・クック**は、禁酒大会の開催に当たって画期的な集客案を実行した。参加者を貸切列車に乗せ、近くの街を訪ねるというツアー仕立ての大会にしたのである。570人が参加し、この演出は好評を得た。クックは、社会をよくするための方策として、人々のための旅行の手配を手がける会社をつくった。1851年には鉄道会社からの集客依頼を受けて**第1回万国博覧会**に16万人を送客し、1872年には初の世界一周ツアーを催行した。

　クックは「近代観光の父」と呼ばれるが、それはどのような意味だろうか。クックは、不健康な深酒とは対照的な余暇の過ごし方として、列車に乗って楽しく外出するという新しい健康的な遊びを人々に示した。そのうえで、「旅慣れない人でも安心して遠出し、楽しむことができる」という

グランド・ツアー（Grand Tour）：　家庭教師や従者を伴い、イタリアやフランスなど、数年かけて諸国を周遊して文化や制度などを見聞する。宮廷や社交家のサロンに顔を出して、人脈を築くことも行われた。戻ってくると、一人前の男とみなされた。18世紀に最も流行した。

産業革命：　革命とは社会の中の仕組みが短い間に一変することで、産業革命はものづくりの仕方に関する変化（とその影響）である。工房で親方と弟子が担っていたものづくりの主流が、資本家の工場経営による生産になった。18世紀後半のイギリスで始まった。

鉄道：　19世紀初頭に発明された蒸気機関車は、産業革命の所産である。拡大する工業の大量の原料、燃料、製品を効率的に陸上輸送するために実用化された。旅客鉄道は1830年から登場し、それまでの馬車交通に比べ、はるかに安価で迅速な陸路の旅を可能にした。

トーマス・クック（Thomas Cook, 1808-1892）：　近代的な専業のビジネスとしての旅行業を最初に立ち上げ、貸切列車の団体割引、ホテルクーポン、トラベラーズチェック、パッケージツアー、鉄道時刻表など、旅行手配に関わる数々のイノベーションを実現した。

第1回万国博覧会：　万博（EXPO）の第1回。ロンドン・ハイドパークを会場に34カ国が出展、141日間で延べ604万人が入場した。革命後のフランスから始まりヨーロッパで盛んになっていた工業品・工芸品の展示会を、大工業国となったイギリスが国際的規模に発展させたもの。

Ⅰ　観光学と現代社会

状況を、旅先でのつてや旅行の術を持たない、いわば普通の人々に提供する事業を興して、旅行に参加する道を大勢の人に拓いた。それが、クックの最大の功績である。

特権も旅行術も持たない。そういう人であっても、旅のサポートをその道のプロフェッショナルから購入することができ、楽しく旅ができる。近代観光とは、そういう環境が整った世界で多くの人の旅が実現した段階をそれ以前と区別する呼称である。

6 ）国際観光の隆盛

18世紀のヨーロッパでは、比較的限られた人々が滞在する温泉町が発展してきていた。19世紀のイギリスでは海辺の保養地が人気となったが、そこでの人出は従来のような裕福な滞在客だけではなく、日曜日の日帰り列車で往来する工業都市の労働者階層の人々が加わっていた。この新たな余暇活動者の増加に対する反応として、富裕な人々の中に（庶民に対する）旅の差別化志向が生じ、それはこの国の国際観光市場の拡大につながった。折しも、イギリスの旅行会社が、自国の海外植民地の港やホテルなどをその商品開発に活かし、非ヨーロッパ地域への周遊ツアーの販売を始めていた。

国際旅行における大衆化の兆しは、第一次世界大戦（1914-1918）後のアメリカに見出される。ヨーロッパからアメリカに移民した人の家族や、大戦中ヨーロッパ戦線に従軍した兵士などが多数、大西洋を渡ってヨーロッパに旅行した。また、太平洋方面でも、アメリカ本土からハワイへの大型定期客船が1920年代に就航している。

第二次世界大戦後の復興期を経て、観光市場は一層拡大した。最初にアメリカ、やや遅れて西ヨーロッパや日本というように、経済的な豊かさを手に入れた国々から順次、「マスツーリズム（大衆観光）」時代を迎えた。

しかしながら、1970年代ごろから、そこまでの乱開発や旅行者数の急激な増加、人種や地域に対する偏見などに起因する、さまざまな観光の弊害が明らかになった。そのため、今日では、従前のやり方に代え、観光地や周辺社会、自然環境などへの負荷をできるだけ抑えた開発や管理、利用の方法を意識して選んでいくことが、企業、行政、そして旅行者においても求められている。

7 ）観光研究と現代観光

Jafari（1990）は第二次世界大戦後の欧米観光研究の歩みを次のようなステージに分けてとらえている。

すなわち、1950〜1960年代に観光開発は素晴らしい行為であるとほぼ全面的にほめそやす「開発に擁護的（advocacy platform）」な論調が支配的な時期が認められ、次に、開発が入った地域社会等にまずい事態も起きて

1　観光学と観光の歴史

いる、見過ごしてはいけないという「警告的（cautionary platform）」な報告が1970年代に増えた。そこから、問題意識を持ってこれまでと違うよりよい観光の姿（alternative tourism）を探求しようという「適正化（adaptancy platform）」の見地を持つ報告が増えていった（1980年代）。

　私たちは、過去の反省のうえに、観光によって地域の社会や文化、環境等にかかる負荷の許容量を意識し、研究成果に基づいた方策を選び取って持続可能な観光地域運営を行う時代に生きている。Jafariは、1990年の報告で、その後の時代を「知識にもとづく（knowledge-based platform）」時期と期待を込めて位置づけている。

　1990年代半ばごろからヨーロッパや北米で提唱された「**創造都市論**」は都市繁栄の鍵として文化や芸術を育むことや、多様な他者に対して寛容で居心地のよい雰囲気を提供することを重視している。文化・芸術や周辺の自然、偏見のない人付き合いを楽しめるなどの暮らしを快適にする環境条件において秀でることで、都市は人を引き寄せる。人材と環境との出会いがその都市に新しい創造をもたらすのである。

　このような見地から、21世紀の都市の文化政策は、都市経営の一環として位置づけられ、都市観光に対しても重きを置くものになっている。

創造都市論：　クリエイティブ都市論ともいう。チャールズ・ランドリーらのヨーロッパの都市研究グループが1995年ごろから提唱し、今世紀に入って北米の経済学者リチャード・フロリダが「クリエイティブクラス（創造的な仕事を担う社会階層的集団）」という概念を用いて論じ、一層の反響を得た。

Check

- □　「観光」の語源と定義について、説明してください。
- □　江戸時代の伊勢参宮について、庶民の旅を支えた仕組みに触れながら説明してください。
- □　日本において近代的な旅行業がどのように誕生したのか調べてください。
- □　戦後の日本における観光の変遷について、背景となっている社会状況と結びつけて述べてください。
- □　マスツーリズムの意義と課題について述べてください。
- □　宗教的な行事やお参りに行くための旅は、成立しやすいといわれます。それはなぜですか。
- □　古代ローマ市民の環境において、旅をしやすくする状況はどのように成立していたのですか。
- □　今日、英語が世界の多くの国で通用し、南米の国々でスペイン語やポルトガル語が使われています。それはなぜですか。
- □　「近代観光の父」と呼ばれている人がいます。どのような功績から、そう評価されているのですか。
- □　人々が「差別化したい」という気持ちは、旅行動向や商品開発などにどのように影響していると考えられますか。

（1〜4中島智・太田実／5小長谷悠紀）

2 / 観光と地域文化

　日本でマスツーリズムが本格化したのは戦後の高度経済成長期である。その一つの分水嶺ともいえるイベントが 1964 年の東京オリンピックであった。それから約半世紀が過ぎ、この間に、国土や地域・都市の景観は大きく変貌し、観光の形態も多様化してきた。そのことは、社会基盤の整備などのハード面だけでなく、社会の規範、人々の意識や価値観の変化を如実に反映していよう。

　ここで特に確認しておきたいのは、「環境意識の高まり」「地域の再認識」「社会の情報化」である。こうした時代の潮流は、オルタナティブツーリズムの概念を生み出し、各地で観光まちづくりを発展させている。そこでは、地域が主体となって埋もれた文化の掘り起こしが行われ、観光対象として提示されている。

　本章では、こうした動向に注目する。現代の観光について地域文化との関わりを見ていくことで、これからの観光を構想するヒントを得ることができるだろう。

① 観光と環境

1 ）世界遺産ブーム

　「お金を落とす」という言葉をよく聞く。観光をめぐる文脈の場合、それは経済効果への期待を込めて使われている。すなわち観光というと一般に、移動と滞在に伴う経済的なメリットがまずもって注目される傾向にある。逆にいえば、地域社会やそこに暮らす生活者から隔離されたところで観光をとらえる発想であり、経済効果さえあればよいという態度が滲んでいるようでもある。そして蛇足ながら、観光客への敬意に欠けた表現であるというのは言い過ぎであろうか。

　この「お金を落とす」という言葉の歪みを集約しているのが、近年の世界遺産ブームであろう。世界遺産への登録（図表Ⅰ-2-1）自体が観光客誘致に向けた有望なブランドとなるため、自治体や経済界など地域の関係者は、遺産登録を地域振興の柱として認識している。ただし、**世界遺産条約**は観光活用を目的としたものではなく、国際的な遺産保護のための枠組みである。にもかかわらず、世界遺産登録地の中には旅行者の急増やそれに伴う観光化によって環境破壊が生じている地域もあり、住民生活への悪影響はおろか、遺産の価値そのものまで揺るがす本末転倒な結果になりかね

世界遺産条約：　1972 年にユネスコ総会で採択された「世界の文化遺産及び自然遺産の保護に関する条約」のこと。世界遺産とは、この条約に基づき世界遺産リストに記載された、人類にとって「顕著な普遍的価値」を有するものである。

図表 I-2-1　日本の世界遺産一覧（2018 年 8 月現在）

	登録名	登録年	都道府県
文化遺産	法隆寺地域の仏教建造物	1993	奈良
	姫路城	1993	兵庫
	古都京都の文化財	1994	京都・滋賀
	白川郷・五箇山の合掌造り集落	1995	岐阜・富山
	原爆ドーム	1996	広島
	厳島神社	1996	広島
	古都奈良の文化財	1998	奈良
	日光の社寺	1999	栃木
	琉球王国のグスクおよび関連遺産群	2000	沖縄
	紀伊山地の霊場と参詣道	2004	和歌山・奈良・三重
	石見銀山遺跡とその文化的景観	2007	島根
	平泉―仏国土（浄土）を表す建築・庭園および考古学的遺跡群―	2011	岩手
	富士山―信仰の対象と芸術の源泉	2013	静岡・山梨
	富岡製糸場と絹産業遺産群	2014	群馬
	明治日本の産業革命遺産　製鉄・製鋼、造船、石炭産業	2015	山口など計 8 県
	ル・コルビュジエの建築作品―近代建築運動への顕著な貢献―	2016	東京
	「神宿る島」宗像・沖ノ島と関連遺産群	2017	福岡
	長崎と天草地方の潜伏キリシタン関連遺産	2018	長崎・熊本
自然遺産	屋久島	1993	鹿児島
	白神山地	1993	青森・秋田
	知床	2005	北海道
	小笠原諸島	2011	東京

出典：筆者作成

ない状況がある。

２）観光と環境保全

　観光は地域社会において成り立ち、その環境（自然や文化、景観など）に大きく依存する産業である。しかし、大量生産・大量消費型の観光が観光地の環境に一定の負荷を与えることもまた、明白である。ここに、観光による経済効果に対する期待と環境破壊に対する危惧との対立が生じることになる。観光振興と環境保全は互いに矛盾し、両立できないのであろうか。

　この問題をめぐっては、観光か環境かという二者択一的な思考に陥るのではなく、地球環境の保全を担保しながら開発やマネジメントを実現しようとする**持続可能な観光**が重要なテーマになっている。

　実際、1990 年代以降の環境問題の深刻化とともに、観光ビジネス分野でも環境に配慮したサービスや商品の開発、経営が進められ、環境マネジメントシステムの国際規格 ISO14001 を取得した企業も少なくない。これは企業イメージ向上の域を越えて、コストの削減はもちろん持続可能な観光事業の活動促進につながるものである。

　一方、持続可能な観光は観光産業だけでなく、地域社会の領域をめぐる

持続可能な観光（sustainable tourism）：　観光を通して持続可能な発展、すなわち「将来の世代が自らの欲求を充足する能力を損なうことなく、今日の世代の欲求を満たす発展」（ブルントラント委員会報告『地球の未来を守るために』1987 年）を実現しようとするものである。

ISO14001：　ISO（国際標準化機構）が定めている環境マネジメントシステムの仕様（スペック）のこと。その基本的な考え方は、計画（Plan）、実施（Do）、点検（Check）、見直し（Act）というPDCA サイクルを回すことにある。

Ⅰ　観光学と現代社会

課題でもある。また、それは地域に根差した観光をいかに実現するかという政策の方法論をめぐる「地域の思想」の問題である。そこでは利潤追求という経済の効率性を最優先するのではなく、自然生態系や文化遺産を保全し、観光による地域社会への悪影響を最小限に抑えるために、**環境アセスメント**や**収容能力**を含め、環境規制の取組みが徹底されなければならない。さらに、その過程において地域での雇用機会を拡大し、地域振興を図るものである。

3）持続可能な観光の時代

（1）観光まちづくりとオルタナティブツーリズム　　1990年代から2000年代にかけては "失われた20年" と呼ばれる。バブル経済の崩壊後、日本経済が長期停滞に入ったとされる時期であるが、それは同時に、大量生産大量消費社会における画一的な生き方を見直し、自分流の暮らしを楽しんで育んでいく**スローフード**や**スローライフ**への関心が高まってきた時代でもある。**観光まちづくり**の台頭もその表れといえるだろう。

　例えば足助（愛知県豊田市）や小樽（北海道）、由布院（大分県）など都市部と比べて経済成長の恩恵にあずかれなかった地域では、危機感を抱いた住民が主体となって、地域固有の文化や自然、歴史を再発見し、それらを保全しながら観光資源として持続的に活用する観光まちづくりが進められた。そしてそこでは、当初から集客や観光振興を意図したというよりは、むしろある地域や場所に愛着や思いを持つ人々が取り組んだまちづくりが、結果的に観光交流を活性化させたとみなせるケースが圧倒的に多い。

　一方、こうした観光まちづくりは、おおむね1980年代から議論されるようになったオルタナティブツーリズムの国際的動向と軌を一にしている。地域外部の事業者が中心となって進められた観光開発は、地域社会に大きな負のインパクトを与えてきた。リゾート開発の失敗についてはすでに述べたが、急増した観光客により、交通渋滞や騒音といった生活環境の悪化を生み出すなど、観光公害が各地で発生した。こうした問題を反省し、克服するためにも、住民と旅行者が親しく触れ合い、地域の自然環境や生活文化を尊重しながら学ぶ、小規模な観光事業として、従来型の観光に代わる知的交流が希求されるようになったのである。

　「オルタナティブツーリズム」という概念については、その曖昧さが指摘され、今日では「持続可能な発展（sustainable development）」の理念に基づく持続可能な観光という概念の方がより一般的に用いられるようになっている。しかし、ここで重要なのは、オルタナティブツーリズムといえども、「旅行の近代化」の所産であるマスツーリズムの枠組みを抜きにして構想することはできないということだ。

（2）観光と地域経済　　マスツーリズムは主に先進国の人々に旅行の

環境アセスメント：「環境影響評価」ともいい、一般に開発事業による環境への影響を事前に調査し、予測する活動を指す。

収容能力（キャリングキャパシティ）：環境に悪影響を及ぼすことなく、当該観光地にどれだけの人数の受け入れが可能であるかを示す概念。地域の環境が維持されるとともに、旅行者の経験の質が保障されることが要件となる。

スローフード／スローライフ：1980年代後半にイタリアのブラという小さな町で始まった地域固有の食文化を見直す運動をスローフード運動という。ファーストフードに対峙し、地域に根差した食や農、それらを支える風土を守ろうとするこの運動は、日本を含む世界中に広まっている。また、スローフード運動が目指す本物志向でゆとりのある暮らしのスタイルをスローライフという。

観光まちづくり：観光まちづくり研究会によると、「地域が主体となって、自然、文化、歴史、産業など、地域のあらゆる資源を活かすことによって、交流を振興し、活力あふれるまちを実現するための活動」（『観光まちづくりガイドブック』アジア太平洋観光交流センター、2000年）のこと。論者によっては、「まちづくり観光」と表現される場合もある。こうした活動は1990年代後半から注目されるようになったが、すでに1960年代後半から始まっていた町並み保存運動や村おこしの実践に端を発する場合が多い。

楽しみを享受させるとともに、受入れ地に外貨獲得の機会をもたらし、地域経済の活性化に貢献するものである。特に目立った産業を持たない国や条件不利地域においては、観光は地域にある自然や文化といった所与の資源を元手に活用できる経済発展の有望な手段として注目されてきた。この点、近年の日本でも、人口減少と**過疎化**、**地場産業**の低迷で地域経済が衰退してきた地方自治体にとって、経済波及効果の大きい観光への期待は大きい。先進国・途上国を問わず、21世紀の基幹産業として観光が政策的に重要な位置づけを与えられているのもこのためであり、こうしたマスツーリズムの意義は今一度確認しておかねばならない。

要するに、今日、オルタナティブツーリズムに求められているのは、その実践を通してマスツーリズムによる各種の悪影響を是正・解消しつつ多くの人々に旅行の経験を拡げ、そのことを持続可能な地域づくりにつなげていくことなのである。周知のように、**沖縄県**では観光が地域経済に大きな効果をもたらしている。しかしながら、短期的な経済効果に偏重することなく、観光のあり方をしっかり検討する必要がある。屋嘉宗彦は、沖縄の経済的自立に向けた観光の重要性を指摘し、地域と観光とが共存しながら、自然や歴史文化を背景とした人間の交流に重きを置くことを提言している（屋嘉　2016）。

（3）　持続可能な観光形態　　現在、持続可能な観光形態としては、自然環境との調和を求めるエコツーリズムや、農業や農村の再生を図るグリーンツーリズム、都市の生活文化を活用し、歩いて回遊できるまちづくりを目指す都市観光（まちなか観光）などを具体的に挙げることができる。

ただし、こうした概念は、日本社会にそのまま適用できるわけではない。例えば、国際的に**エコツーリズム**が実践されるのは、ガラパゴス諸島やコスタリカのように、貴重かつ希少な自然環境を残す地域である。その背景には欧米発の**ロマン主義**の影響があり、人の手の入らない原生自然への憧憬の念があると考えられる。それに対して、日本では里山に代表される人の手の入った二次的自然が国土の多くを占めるため、自然のみならず歴史や文化が観光対象となり得る。つまり、自然と人間との共生の視点が重要となるのであり、1992年に世界遺産委員会が登録基準に追加し、日本でも2004年の「景観法」制定後、2005年に改正された「文化財保護法」において新たな文化財の類型として設けられた**文化的景観**は、こうした文脈の中で再評価されるようになってきたものの典型といえる。

したがって、国際的なツーリズム研究・実践の潮流に学びながらも、日本の多様で多彩な**風土**に合致したツーリズムモデルを開発することが今後の課題であり、観光まちづくりの要諦はまさにこの点にあるといえよう。

過疎化：　地方の農山村集落や離島で、人口が急減し、行政サービスが十分に受けられないなど一定の生活水準（シビルミニマム）を維持することが困難になった状態のことを指す。反面、大都市では人口の集中による過密化が顕著である。

地場産業：　地域に根差した産業のことを指す。一定の地域において、その自然環境と歴史を背景に、中小零細企業などが集まって産地を形成していることに特徴がある。柳宗悦『手仕事の日本』（岩波文庫、1985年）を参照。

沖縄県：　観光・リゾート産業をリーディング産業と位置づけている。1977年に観光収入が軍関係受取を上回り、その後も伸びている。2013年度では軍関係受取は2088億円に対して、観光収入は4478億円である。

エコツーリズム：　環境や生態学を表すエコロジー（ecology）と、ツーリズム（tourism）の合成語。具体的には自然環境や地域文化を保全しながら観光を推進し、環境教育の機会を創出するとともに、地域振興を図る考え方や仕組み。

ロマン主義：　主に19世紀に欧米で広まった自然賛美や自我を重視する、芸術や文学の思潮を指す。ツーリズム研究・観光学においては、社会学者ジョン・アーリが「観光のまなざし」を分析する際、"集合的まなざし"と対比して"ロマン主義的まなざし"を提示したという意味でも重要である。

文化的景観：　景観は一般に「眺め」として用いられることが多いのに対して、文化的景観はその地域における人々の営みの集積を表象したものといえる。ゆえに、文化的景観を地域に暮らす人々の経験や記憶と切り離して議論することはできない。

Ⅰ　観光学と現代社会

②　地域の社会と文化を豊かにする観光

１）ホストとゲストの相互作用

　オルタナティブツーリズムという発想の中で観光をとらえ直す時、観光
が地域の社会や文化に与える効果と影響についてもまた、多岐にわたるこ
とを確認することができ、とりわけ地域文化の豊かな可能性が見えてくる
のではないだろうか。実際、バブル期のリゾート開発が自然環境を改悪し
てきたのとは対照的に、オルタナティブツーリズムは自然環境を持続させ、
その地域の風土や文化を豊かにすることで地域づくりに寄与することが期
待されている。そして、それを可能にするための必須の要件が、「住民と
旅行者のふれあい」である。

　文化人類学者のバレーン・L・スミス（1926-）によれば、観光現象は、「ホ
スト」（旅行者を受け入れる地域社会・住民）と「ゲスト」（旅行者）の相互作用
として把握することができる。これを**ホスト・ゲスト論**と呼び、その理論
は今日の観光学、とりわけ観光人類学の体系化に多大な影響を与えてきた。

　旅行者の存在なしに観光が成り立たないことはいうまでもないが、他方、
観光の舞台は地域社会であり、そこに暮らす住民の存在を無視することは
できない。そして、「ホスト・ゲスト論」は、そうしたホスト社会とゲス
トとの接触・交流・関係のあり方に焦点を当て、観光をとらえたところに
大きな意義が認められる。

　例えば、針江地区（滋賀県高島市）では川端と呼ばれる安曇川水系の伏流
水（湧水）を生活用水として利用する文化が今も継承されている。地区内
には水路が走り、それが各家屋に引かれ、食器を洗うなど水を使う家事の
場となっているのである。こうした針江地区の川端文化は、あるドキュメ
ンタリー番組（NHK スペシャル「映像詩 里山 命をめぐる水辺」、2004 年）で取り
上げられたのがきっかけとなり、注目を集めることになった。

　ところが、である。放送直後から旅行者が急増し、地区は混乱してしま
う。そもそも観光地ではなく、川端は一般家庭の敷地内にあることもあり、
心ない人の無責任な行動によって、治安やゴミ問題など住民の日常生活に
悪影響が生じてきたのである。こうした状況を解決するために、地元有志
で結成されたのが「針江生水の郷委員会」であり、そこで案出されたの
が、住民が川端を案内する**エコツアー**の実施だった。

　つまり、ここでのエコツアーは、ホストとゲストの非対称的な関係（一
方通行的なコミュニケーション）に対して、両者の対等（双方向的）なコミュニ
ケーションをデザインすることによって持続可能な関係を構築し、問題解
決につなげようとするものだ。エコツアーというコミュニケーションの装
置をつくり出すことにより、地域に生じた問題を是正するだけでなく、**観**

風土：　自然と人間との間の関わ
り方のこと。風土は人間の価値観
や文化のあり方を含意している。
和辻哲郎『風土―人間学的考察』
（岩波文庫、1979 年）を参照。

ホスト・ゲスト論：　複雑で包括
的な観光現象の本質を理解するた
めの見取り図というべき理論であ
る。これを提起した、バレーン・L・
スミス編、三村浩史監訳『観光・
リゾート開発の人類学―ホスト＆
ゲスト論でみる地域文化の対応』
（勁草書房、1991 年）は、観光人
類学の誕生を告げる画期的なもの
だった。

エコツアー：　環境保全に配慮し
た持続可能な観光を目指すエコ
ツーリズムの考え方を具現化した
「環境教育プログラム」や「旅行
商品」のこと。

22

光（旅行者）のまなざしを通して地域文化の価値に気づき、将来の方向について考える機会を住民に与えることになる。

２）インタープリテーション

　インタープリテーションとは、ある特定の場所における自然環境や歴史環境、文化遺産などを読み取り、それらが発するメッセージを人に伝える活動のことをいう。これを行う通訳者（仲介者）のことを**インタープリター**といい、もともとはアメリカの国立公園で生まれた専門職であったが、今日、活躍の場は環境教育や観光などに関わる多分野に広がっている。

　インタープリテーションは、観光対象（ホスト）と旅行者（ゲスト）の間をつなげるオルタナティブツーリズムの重要な手法であり、参加者を楽しませながら好奇心や関心を喚起するとともに、観光対象の保護につなげるのが特徴である。これを担うインタープリターは、狭義では専門職を指すが、考え方によっては実質的にホスト社会において観光交流やまちづくりに関わるすべての者はインタープリターであるということもでき、こうした理解も進んできている。

　柳川市（福岡県）は、観光まちづくりのモデルケースとして、よく語られる地域の一つである。市内を縦横に流れる掘割は、低湿地にあって人々が川とわずらわしい付き合いをしてきた所産であり、文化的景観というべきものである。今日では柳川を代表する観光資源であり、そこを使った観光川下りで有名である。

　興味深いことに、観光川下りは柳川の掘割が汚れ、その機能が低下してきた時代にすでに始まっていた。当時は、時に「ブーン蚊都市」と揶揄され、旅行者からも「水郷といわれている川があまりにも汚かったので、とても悲しかった」という感想が寄せられるほどであった。こうした時代の文脈の中で、一度は掘割の埋立て計画も持ち上がったものの、「郷土の川に清流を取り戻そう」という、水郷を**原風景**として育った人々の対話と共感に基づく再生活動、特に地域ぐるみの清掃活動が功を奏し、魅力ある景観を実現するに至った（高畑勲監督『柳川掘割物語』DVD、2003年、ブエナ ビスタ ホーム エンターテイメント）。

　つまり、住民と行政の協働による掘割再生に向けた持続的な取組みが地域文化の価値を再認識させるとともに、結果として、柳川観光の魅力を高めてきたのである。そのように考えるならば、川下りはまさにインタープリテーションの機会であり、船頭は水文化の魅力とその大切さを伝えるインタープリターにほかならないといえよう。

３）都市と農村の関係づくり

　オルタナティブツーリズムを特徴づける人々の交流は、旅行者にも迎える地域の人にも、異文化と出会い、学び合う機会である。そして、こうし

観光（旅行者）のまなざし（tourist gaze）：　イギリスの社会学者ジョン・アーリが発表した著作の題名であり、ミシェル・フーコー（1926-1984）の「まなざし」の概念を援用した観光理論。それは記号を通して構築され、「観光は記号の集積である」とする。ジョン・アーリ著、加太宏邦訳『観光のまなざし―現代社会におけるレジャーと旅行』（法政大学出版局、1995年）参照。

インタープリテーション：　一般に「自然解説」と訳されることが多いが、この語を世に広めたフリーマン・チルデン著 *Interpreting Our Heritage*（1957年）の題名からもわかるように、その対象は自然だけでなく、広義の地域文化遺産を含意するヘリテージ（heritage）であることに留意したい。

インタープリター：　インタープリターには現在、国家資格など確立された資格制度は存在しないが、自然公園や、自然学校、エコツアーのほか、動物園・水族館などを含むミュージアムなどにおいて、専門職として活躍する者も少なくない。

原風景：　幼少期の経験や記憶に起因し、なつかしさを喚起する（心象）風景であり、イメージのこと。

I 観光学と現代社会

た文化交流は狭義の国際観光に限らず、広義の国内観光でも生じている。この点、**グリーンツーリズム**を通して、都市と農村の関係づくりを進める取組みは重要である。

グリーンツーリズムは農村を訪れ、主に農業や食文化、自然に関わる農村の暮らしを体験する滞在型余暇活動である。その参加者（ゲスト）の動機には、都市住民を中心に、活動の舞台となる農村の田園風景をなつかしむ気持ち（ノスタルジー）が少なからずあると思われるが、単になつかしみ、楽しむだけでなく、文化的景観として尊重し保全していこうとする動きも見られる。

例えば、条件不利地域の農地保全を図る棚田オーナー制度や、農繁期の農作業を手伝うワーキングホリデーなどがそれに当たる。こうした援農ボランティアは、地域側（ホスト）から見る時、単に交流人口の増加を狙いとしたものではなく、人と人のつながりを通して農業をめぐる後継者不足などの問題の解決や新たな価値観の創造を期待しているところに特徴がある。また人口減少・高齢化が進み、**農業・農村の多面的機能**を含めた国土・環境の保全、そのための担い手の確保が必要となっている地域社会を、生産と生活、教育の場として再構築するために、学校教育を足がかりとしたグリーンツーリズムの可能性を探ることも重要な課題である。

実際、2008年に総務省・文部科学省・農林水産省による「子ども農山漁村交流プロジェクト」（愛称：ふるさと夢学校）の連携事業が開始され、小学生（高学年の児童）を対象にした取組みが推進されてきた。これは農林漁家での宿泊・生活を通してその地域の人々と交流を図ることで、学ぶ意欲や自立心を身につけ、食の大切さを学ぶとともに、地域コミュニティの社会的・経済的活性化を図ろうというものである。農村地域の場合、それは、児童（ゲスト）に農業やそれを支える自然環境の再認識を通して感動を与えるとともに、迎える農家（ホスト）が農村の暮らしの豊かさを見直し、農業者としての自覚を深める機会となるだろう。

このように、ホスト・ゲスト双方が農（山漁）村の暮らし＝地域文化の価値を共有するところから、グリーンツーリズムが始まるのである。そこに見えてくるのは、サービス提供者としてのホストと、その享受者（消費者）としてのゲストという二項対立的な構図ではない。そうではなく、私たちは対話と共感に基づく互いの顔の見える関係を築くための努力を通して初めて都市と農（山漁）村の共生・交流が実現されることに留意する必要がある。

グリーンツーリズム：　ヨーロッパでは農家民宿を意味するのが一般的であるが、日本では1990年代に農村振興の観点から政策的に導入された経緯もあり、農家民宿は未発達である。近年、国や都道府県による規制緩和も進みつつあり、農業ビジネスとしても今後の成長が期待されている。

農業・農村の多面的機能：　食料・農業・農村基本法第3条は、「国土の保全、水源のかん養、自然環境の保全、良好な景観の形成、文化の伝承等農村で農業生産活動が行われることにより生ずる食料その他の農産物の供給の機能以外の多面にわたる機能（略）については、国民生活及び国民経済の安定に果たす役割にかんがみ、将来にわたって、適切かつ十分に発揮されなければならない」と規定している。

③ 新時代の観光文化に向けて

1）観光資源の多様化とコンテンツツーリズム

　観光資源といえば、かつてはいわゆる名所旧跡を連想する人が多かったように思われるが、今日ではそのとらえ方は多様化し、田園風景、町並みや食文化から祭り・イベントにまで及び、詰まるところ、地域の暮らしぶりそのものが観光資源として認識されている。ここに観光対象としての地域文化を見ることができ、それらを総称して**観光文化**と呼んでみたい。ただ、ここで問題になるのは、その観光文化の価値を誰がどのように評価するのかという点である。

　例えば、世界遺産条約のような枠組みは、国際機関が地域文化の価値を評価し、認定するものだ。もちろん、これはすでに述べたように、観光の促進を直接の目的としたものではないが、この地域外部の権威によるお墨つきが観光振興に絶大な威力を発揮することは周知の通りであり、それを期待しての取組みが各地で進められているのが現実である。

　しかし本来、地域文化を担ってきたのは、その地域に暮らす住民を中心とする人々であり、より正確を期していえば、それを継承し創造していくためのコミュニティが存在するはずである。本章冒頭で示した世界遺産ブームをめぐる問いかけでいいたかったことの一つは、この点であった。

　世界中の生活や文化、価値観を均質化していくグローバル化の中で、私たちは、自分は何者なのか、ローカルな暮らしの中で何が大切なのかを問わざるを得ない状況にある。そして、そのことを強く要求するものが観光という場なのだ。すなわち、観光文化の創造とは、観光対象としての地域文化をめぐる**合意形成**のプロセスであり、それは、観光事業の関係者のみならず、観光とは直接関わりのない住民や、旅行者など地域外部の主体も含めた新しいコミュニティの形成にかかっている。その際、地域に関わるコンテンツを観光資源として活用していく**コンテンツツーリズム**から学べることは多いだろう。

　豊郷町（滋賀県犬上郡）は、軽音楽部の女子高校生たちの日常生活を描くアニメ『けいおん！』の舞台として知られている。劇中に出てくる高校のモデルとされる豊郷小学校旧校舎群は 2009 年 5 月に一般公開されて以来、多くの若者が集まるアニメ聖地となった。

　こうした動きに呼応して、商工会青年部を中心に結成された「『けいおん！』でまちおこし実行委員会」は、ファン（巡礼者）の意向を丁寧に把握しながら事業を展開してきた。コンテンツを観光資源として地域づくりに戦略的に活用するということは、オリジナル商品の開発にとどまらず、交流の場を生み出すことであり、旧校舎内にカフェを設置したり、黒板に

観光文化：　観光によって生成される文化のこと。文化とは本来、他文化との交流を経て洗練されていくものであり、そのことが地域や都市の魅力を高めることに結びつくという認識に基づくものである。

合意形成：　多様な価値観を持つ関係者が互いの意見を尊重しながら、紛争に陥ることなく、創造的に集約し合意を達成することで、問題解決や価値創造を図ること。

コンテンツツーリズム：　コンテンツとツーリズムを組み合わせた和製英語。映画、テレビドラマ、小説、アニメ、漫画、ゲームといったコンテンツをきっかけとした旅行形態のこと。また、地域に関わるコンテンツを活用した観光まちづくりの手法を指す。

落書きができるようにしたりと、まさにアニメ聖地という名に相応しいファンの居場所が具現化された。そして、2011年に音楽イベント「とよさと軽音楽甲子園」が開催され、現在も続けられている。

こうしたコンテンツツーリズムが台頭してきた背景の一つは、情報技術の急速な革新である。インターネットや携帯電話が普及し、仮想空間に情報や知識が遍在することは、逆説的に現実の地域空間やコミュニティへの関心を喚起することにもなった。アニメ聖地巡礼もその一つといえる。

例えば、豊郷小学校旧校舎群は、**ウィリアム・メレル・ヴォーリズ**が設計した建築（現在は図書館や子育て支援センターを擁する複合施設）であるが、岡本健によれば、「『けいおん！』の聖地ということを理由に現地を訪れた巡礼者の中には、その建築的なすばらしさを感じ、ヴォーリズに関心を抱き、他地域にあるヴォーリズ建築に興味、関心が開かれる場合があることが確認されている」。また、巡礼者の中には、「巡礼を繰り返すうちに、アニメ聖地で出会う同好の士や地域住民との関係性の重要性が次第に増していき」、豊郷町内に移住した者もいるという（岡本　2014　173頁）。

現在、各地で繰り広げられているアニメ聖地巡礼という現象は、地域に関わるコンテンツがそのファンに、現地への訪問や地域文化の価値への気づきの機会を生み出し、住民との交流や地域社会への参加を促進する方向に展開する可能性を示している。ここでは、地域に関わるコンテンツの活用が地域づくりとしての観光振興に結びつくのだ。

２）社会関係資本の醸成とスポーツツーリズム

今日、地域の暮らしぶりそのものが観光対象としてとらえられるようになってきたことはすでに述べた。したがって、これからの観光を考える時も、観光だけをとらえるのではなく、時代や社会の状況も含めて暮らしのあり方をトータルに考えることが重要になる。私たちが日々暮らし、働き、学び、遊び、そして子どもたちが人間として成長していく地域という空間をいかに豊かにしていけるのか、そのような視点がこれからの観光文化の創造に向けて、とりわけ**2020年東京オリンピック・パラリンピック**開催決定という時代の文脈の中で求められるだろう。

1964年の東京オリンピックは、新幹線や空港、道路といった社会基盤（インフラストラクチャー）を整備し、マスツーリズムの隆盛につながる大量生産・大量消費の社会システムをつくり上げる契機となったが、2020年に向けて豊かな人間関係と自治意識、すなわち**社会関係資本**を醸成しつつ、持続可能なコミュニティ形成を促進するための文化交流の場をつくり出していくことが必要なのである。

こうした論点に立てば、2020年の東京オリンピック開催を追い風にして、注目を集めている**スポーツツーリズム**も、上記の意味での観光文化を先駆

ウィリアム・メレル・ヴォーリズ（1880-1964）：　アメリカ出身。1905年、英語教員として来日。その後、近江八幡を拠点に、建築から医療、社会福祉、教育などに至るまで、幅広く社会事業・文化事業を展開した。1941年、日本に帰化し、一柳米来留（ひとつやなぎめれる）と改名。戦後、近江八幡市名誉市民第1号に選ばれた。

2020年東京オリンピック・パラリンピック：　オリンピックにはスポーツ競技以外に、文化プログラムが含まれている。東京大会では2016年の夏から開始されており、継続的な取組みの中で、後世に残すべきレガシー（遺産）を創出することが求められている。また、東京だけでなく、日本各地で実施される予定であり、観光振興や地域活性化につなげていくことが期待されている。

社会関係資本（ソーシャルキャピタル）：　豊かな人間関係を育む「信頼」「互酬性の規範」「ネットワーク」のこと。詳しくは、ロバート・D.パットナム著、柴内康文訳『孤独なボウリング―米国コミュニティの崩壊と再生』（柏書房、2006年）を参照。また明快な入門書に、稲葉陽二『ソーシャル・キャピタル入門　孤立から絆へ』（中公新書、2011年）がある。

スポーツツーリズム：　スポーツをすることや観ることを主な目的とした旅行形態のこと。また、スポーツを支える市民の活動を中心に、スポーツ振興を通した地域づくりと観光交流を実現すること。

的に展開するものといえる。

　2011 年に成立した「スポーツ基本法」では、前文に「スポーツは、世界共通の人類の文化である」と規定され、スポーツの文化としての価値に言及している。また、地域づくりについて、「スポーツは、人と人との交流及び地域と地域との交流を促進し、地域の一体感や活力を醸成するものであり、人間関係の希薄化等の問題を抱える地域社会の再生に寄与するものである」としている。

　世界的には、すでに 1968 年の国際スポーツ・体育評議会（ICSPE）のスポーツ宣言以降、「スポーツ文化」という言葉が使用され始め、スポーツを通じた開発（development through sport）の考え方が広がっていった。こうしたスポーツ文化の考え方を観光分野に適用した概念がスポーツツーリズムであり、スポーツを通じた開発の一つのモデルといえる。

　デービッド・アトキンソンは、日本の観光立国をめぐって、スポーツと文化には共通して「一般の人が楽しめる」という視点が欠如していると指摘している。そして、スポーツや文化を観光資源としてとらえ、産業化していく方向性を示し、そのために、「文化・スポーツ・観光省」を設立することを提案している（アトキンソン　2017）。

　文化・スポーツ・観光省の新設はともかく、実際に、スポーツ庁・文化庁・観光庁の 3 庁が連携し、各地域の文化芸術と、**する・観る・支えるスポーツ**の魅力、そして観光を融合させ、新たな価値を創造しようとする「スポーツ文化ツーリズム」を推進している。これは、東京オリンピック・パラリンピックとも連動した事業であるが、オリパラ後も見据えつつ、スポーツを足がかりとした文化交流の場を育てていくことがますます重要となるだろう。

　そもそもスポーツには狭義の体育や競技だけではなく、広義の遊びや楽しさといった要素が含まれている。AI（人工知能）が発達する時代だからこそ、現実の場所で体を動かし、他者と交流することは観光体験としても大きな魅力となり得るだろう。これからスポーツツーリズムを持続的に展開させていくためには、単にスポーツを産業化するだけではなく、真に生きがいのある暮らしづくりへと有機的につなげていく視点が必要である。

　したがって、**国際競技大会**のような大型イベントの実施ばかりでなく、スポーツを身近な地域で日常的に楽しめる環境づくりと一体的に進めていくことが必要なのである。例えば、**市民マラソン**のような地域密着型のスポーツイベントが各地で行われている。そこではスポーツを基軸に地域固有の自然・文化を活用し、地域経済の活性化を図ると同時に、住民および旅行者の Quality of Life（QOL、生活の質）を向上させ、結果的に地域イメージの確立を目指すことが期待されている。

する・観る・支えるスポーツ：スポーツ文化の享受形態を示したもので、“する”とはスポーツへの「参加」、“観る”とは競技の「観戦」、“支える”とはスポーツの指導や大会の運営ボランティアなど、何らかの形での「支援」を意味している。

国際競技大会：　国際的な規模のスポーツの競技会・大会のこと。スポーツの祭典といわれるオリンピック競技大会はその代表例である。スポーツ振興のみならず、経済活性化や国際交流の観点からも、推進されている。日本では、東京オリンピックのほかにも、ラグビーワールドカップ 2019 日本大会、ワールドマスターズゲームズ 2021 関西などの開催が決定している。

市民マラソン：　いわゆるトップアスリートだけが参加する競技大会ではなく、広く市民が参加できるスポーツイベントとしてのマラソンのこと。日本では大都市での事例として東京マラソン（2007年〜）、大阪マラソン（2011 年〜）を挙げることができる。一方、信州なかがわハーフマラソン（2008〜 2018 年）、奄美観光桜マラソン（2009 年〜）など山村や離島などでの開催例も見られる。

I　観光学と現代社会

　こうしたスポーツツーリズムを通して、地域の中に社会関係資本を蓄積していくことが地域文化を活性化し、やがて草の根から観光文化を創造していくきっかけになる可能性がある。その意味で、スポーツツーリズムの実践は、今後の観光まちづくりを占う一つの試金石となるに違いない。

Check

- ☐ 世界遺産条約の本来の目的とは何ですか。
- ☐ 観光振興と環境保全との関係はどのようになっているのか説明してください。
- ☐ 観光まちづくりは、どのような特徴を持っていますか。
- ☐ エコツーリズムの対象は、日本と欧米諸国でどう違いますか。
- ☐ ホスト・ゲスト論とは、どのようなものですか。
- ☐ インタープリテーションは、観光という場においてどのような役割を果たしますか。
- ☐ グリーンツーリズムは、都市と農村の関係づくりにおいてどのような意義や効果がありますか。
- ☐ 地域住民が主体となって観光文化を育てるためには、どのような発想が必要ですか。
- ☐ コンテンツツーリズムについて身近な地域の事例を調べてください。
- ☐ スポーツツーリズムの意義や課題について説明してください。

（中島智）

コラム 1

世界遺産学習と世界遺産検定

　世界遺産の数が1000件を超え、「世界遺産」という名前は広く認知されてきている。その一方で、世界遺産はいくつもの危機に直面している。過激派による世界遺産を標的とした遺産破壊、紛争などの武力行為による遺産被害、過剰な観光開発や都市開発による遺産価値の低下や地域住民の生活の質の低下、地球規模の環境変化による遺産環境の変質など、危機の内容はさまざまだ。

　こうした危機に対処するのは容易ではない。その方法だけでなく資金面でも課題は多い。そうしたなかで、世界遺産にとってプラスともなり得るのが観光である。世界遺産登録の目的は「地域の観光化」では決してないが、世界遺産は観光と切り離すことができない。文化や文明との対話において世界遺産を資源とする観光は、相互理解を深めるうえで有効である。

　世界遺産条約を採択したユネスコの憲章前文には、有名な「心の中にこそ平和のとりでを築かなければならない」という言葉に続いて、「相互の風習と生活を知らないことは、人類の歴史を通じて世界中の人々の間に疑惑と不信を引き起こした共通の原因であり、この疑惑と不信のために、世界中の人々の差異があまりにも多くの戦争を引き起こした」と書かれている。これが、「諸国間、諸民族間の交流を進め、文化の多様性を理解・尊重しあうことが、世界の平和につながる」という理念につながっている。世界遺産もそのユネスコの理念を実現する重要な手段の一つであり、世界遺産の存在意義を高めるために観光は欠くことができない。

　一方で、観光収入を世界遺産保護活動へ活用することや、インフラの整備を含む地域社会へ分配することは積極的に取り組むべき事柄である。世界遺産委員会でも2001年から「世界遺産を守る持続可能な観光計画」が進められ、「遺産地域の人々が観光業界に参加してメリットを享受する」ことや「世界遺産の保護教育を通じて世界遺産に対する誇りを喚起する」など、地域社会が観光と保護を両立するための理念が示されている。

　世界遺産を守るということは、不動産である遺産そのものを守る、ということだけではない。自分たちの属する文化について理解を深め、世界中に存在する多様な文化を知り、互いに尊重し合うこと。また地球の生成過程や固有の生態系の価値を知り、今後ますます重要となる地球環境保護の意識を高めること。それが世界遺産を守るということである。

　世界遺産アカデミーが主催する世界遺産検定は、就職活動に活かせる、学校の授業で加点される、ということだけが目的ではない。世界遺産検定に向けた世界遺産学習の中で、世界遺産を学び、世界遺産から世界の多様性を学ぶことが目的である。世界遺産を学ぶことは、私たちができる最初の世界遺産保護活動なのである。

（宮澤光）

3 / 観光と多文化理解

　国内外に限らず観光に出かけた際、心に残る光景はどのようなものだろうか。ある人は壮大な景色を、ある人は遺跡・遺産を思い浮かべるかもしれない。または行った先での食事やショッピングを楽しんでいる風景を思い出すかもしれない。さらには訪れた先で体験した「もてなし」や「コミュニケーション」を思い浮かべる人もいるだろう。観光とは一方向での関わりではなく、地域の人、もの、環境と、来客者との双方向的な関わりによって成り立つ。双方向的で直接的な関わりにより心に残る光景がつくられていくといってもよい。ゆえに観光とは訪れた先の魅力を最大限に引き出すための努力が、人と人、人ともの、の間にあってしかるべきであるといえる。

　観光の目的は人それぞれである。食を求める人、買い物を楽しむ人、テーマパークに行きたい人、伝統文化に触れたい・体験したい人、自然や景勝地を歩き回りたい人、美術館・博物館を回りたい人などそれぞれであろう。そこで意識しなければならないのが「文化の違い」である。これは日本と海外で起こるのみならず、日本国内でも起こることである。例えば、関東ではエスカレーターを使用する際、立ち止まる人は左に立つ。しかし関西は右に立ち、歩く人が左側を使う。もし関東の人が関西で自分の慣れ親しんだ習慣で過ごそうとしたら、人の流れを止める、もしくはその行為を不快に思う人もいるかもしれない。「郷に入っては郷に従う」（童子教）という言葉の通り、その土地土地の習慣に従うのが処世の法である。

　では「文化」とはどんなものであり、観光者と地域住民が気持ちよく過ごすためにはどのような知識を持っておくべきか。本章では、文化とは何か、文化を理解するために必要な力、観光で知っておきたい文化、観光と地域の活性化、観光と多文化理解の課題について述べていく。

1　文化とは何か

　エドワード・バーネット・タイラーによれば、文化は「社会の成員としての人間によって獲得された知識、心情、芸術、法、道徳、慣習や、他のいろいろな能力や習性を含む複雑な総体である」といわれている通り、一言では表せないものであり、現在も議論が続けられている概念である。

　文化をもう少し噛み砕いていえば、社会を構成する人々によって習得され、共有され、伝達されるものである。例えば日本文化における知識は

童子教：　教訓書。一巻。僧安然の著かといわれるが未詳。1377年の写本がある。仏教思想や儒教思想による5言の漢文320句を収める。鎌倉末期より流行、江戸時代には寺子屋の教科書に用いられた（『スーパー大辞林』）。

エドワード・バーネット・タイラー (Edward Burnett Tylor, 1832-1917)：　イギリスの人類学者であり、宗教の起源に関してアニミズムを提唱した。

「ものづくり」の技術であったり、心情は「常に周りからどう思われるか考えて行動する」といった気質であったり、芸術は「相撲、能楽、日本画」など日本独自に発展したものが挙げられる。また法についていえば、道路交通法など世界各国ほぼ同様のものも存在するが、国籍法は各国で異なる。例えば、アメリカは出生地主義であるため、日本国籍を持つ両親から生まれた子どもでもアメリカで生まれた場合、アメリカ国籍を得ることができる。しかし日本は血統主義であるため、どちらかが日本国籍を持つ父母から生まれた子どもしか日本国籍を得ることはできない。このように文化は各国や民族によって「違い」があるのである。

写真 I-3-1　ビデ（右側）

　また慣習は、①日常生活でルーティン的に生じている意味行為、②集団精神に広く共有されていること、③物事がどのように行われるべきかについての規範的期待について知り得たこと、つまり**文化実践**を指す（Miller, Goodnow 1995）。例えばトイレの使い方も各国で異なる。ヨーロッパのバスルームにはトイレの脇に必ずビデ（写真 I-3-1）が設置されている。ビデは18世紀初頭、フランスで誕生した、陰部洗浄を行うものであり、使い方は「しつけ」の一つとして親から伝えられる。日本で温水洗浄便座が普及したのは2000年に入ってからである。それまでは陰部は洗うのではなく拭いて清潔を保つと親から教えられ、その習慣は踏襲されてきた。このように、慣習とは長い間、日常生活の中で繰り返し行われていて、そうすることが決まりのようになっている事柄を指す。

② 文化を理解するために必要な力

　近年の日本経済のグローバル化に伴い、日本人が国外に長期滞在することが増えている。外務省の海外在留邦人数統計によると、135万1970人（前年比1.0％増、過去最多）が海外で暮らしている（外務省　2017）。また日本人海外旅行者数も一時期よりは減少しているものの1789万人、一方、訪日外国人旅行者数は2869万人と過去最高となっている（法務省　2017）。近年、このように内から外に出て行くことをアウトバウンド（Out Bound）、外から内に入ってくることをインバウンド（In Bound）と呼んでおり、観光庁は2012年に閣議決定された観光立国推進基本計画に基づき、アウトバウンドとインバウンド双方の拡大を目指している。

文化実践：　文化に参加することで、行為の仕方のみならず、そこに畳み込まれている文化的意味を個々人が体得し、その意味空間の一部になることを目指した行為である。例えば、子どもを「叱る」という行為の意味、その方法は個々人および文化により異なる。

I 観光学と現代社会

先に述べたように、観光を楽しむためには旅行者と地域住民、双方が努力すべきことがあり、その地域の文化に従う必要もある。人は新たな文化に出会った際、必ず**文化変容**を起こし適応していくといわれている。文化変容の一つに同化があり、ここでいう「その地域の文化に従う」とは同化すること、つまりその地域の文化に形式的に合わせることが旅行者には求められるのではないだろうか。

同化するためにはその地域の文化を知る・理解する必要がある。では理解するということはどういうことなのか。ここで必要となってくるのは多文化対応能力、つまり Cultural Competence である。Cultural Competence とは、①文化的感受性（多様性を尊重すること）、②文化に対する知識（歴史、信仰、芸術、道徳、法律、習慣などを獲得すること）、③文化的共感性（文化実践の相違を認め、相互の関係性について考えること）、④文化的に適切な関係や関わり合い（相手の文化実践をよく観察し、耳を傾け、相手の規範を理解すること）、⑤文化に即したガイダンス（受入れ社会の文化実践とその意味について説明すること）が必要、の５点である（Tseng, Stelzer 2004 ; Tseng, 2006）。観光中のトラブルの多くはその地域の文化を知らないこと・理解していないことで起こってくるといっても過言ではない。ではどのような文化を知っていればよいのだろうか。

> **文化変容**：　異文化間心理学では、異なる文化が出会うことにより生じる文化の変化を文化変容（Acculturation）、文化変容を経験した個人が心理面や行動面において変化することを異文化適応（psychological acculturation もしくは adaptation）と呼んでいる（Berry 1997）。

③　観光で知っておきたい文化

この節では、1) 道徳と法律、2) 信仰、3) 習慣、4) 医療・保健、に関して事例を提示しながら、どのような文化を知っておくべきかについて述べていく。

1) 道徳と法律

> ケース１
>
> 　Aさんは大学３年生、大学のスタディツアーで台湾を訪れることになった。初めての海外旅行であったが、ツアー中は基本的に先生や学生らと行動するため特に不安もなく、自ら現地の情報を仕入れる努力もしなかった。ツアー中、自由行動時間があり友だちとショッピングに出かけることとなった。地下鉄で移動する際、駅の近くでタピオカミルクティを買って飲みながら電車に乗った。すると駅員さんが何か強い口調で話しかけてきたが、中国語であったため理解ができなかった。しかし表情を見ると怒っているように見える。なぜ怒られたの？
>
> 　⇒台湾では地下鉄やバスの車内、構内では喫煙や飲食は禁じられており、違反者は 1500 元（日本円で約 5000 円）以上 7500 元（日本円で約 2 万 5000 円）以下の罰金を科せられる。うっかりガムを噛んだり、飴をなめたりすることのないよう注意しなければならない。

3　観光と多文化理解

日本でも電車やバスの中は公共の空間であり他人への迷惑行為には気を
つけなければならない。一般社団法人日本民営鉄道協会が行った「駅と電
車内の迷惑行為」アンケート調査では、「騒々しい会話、はしゃぎ回りな
ど」「ヘッドフォンからの音漏れ」など音に関する迷惑行為が上位に挙げ
られていたが、飲食を迷惑行為と認識されているものは少なかった（2017
年度　駅と電車内の迷惑行為ランキング）。このように日本では日常的に行われ
ていることが、他の文化では法に触れることもあることを意識すべきであ
る。

２）信　仰

> ケース２
> 　Bさんは大学4年生、就職も決まり友だちと海外旅行に行くことに
> なった。旅行先に選んだのはタイ。食事に買い物、そして伝統の寺院
> 巡りを楽しみたい。ガイドブックを購入し、グルメにショッピングの
> 情報は万全に仕入れた。わかりやすい地図も用意した。バンコクの気
> 候は熱帯であるため、持参した服は露出の多い服ばかりであった。寺
> 院巡り当日、「お寺に行くんだからお洒落しなくちゃ」とお気に入り
> のブランドのタンクトップと短パンできめて出かけた。しかし入り口
> で職員に止められ、この服装では入場できないという。せっかくここ
> まで来たのに、どうしよう！
> 　⇒タイは95%の人が仏教を信仰しており、観光スポットである伝
> 統寺院は仏教徒の崇拝の対象でもある。仏教では寺院は神聖なもので
> あり、バンコクの寺院を訪問する人には基本的に肌の露出を禁止して
> いる。

　近年、日本人は日常生活において宗教を意識することは少ないだろう。
お正月などの年中行事やお葬式などの**通過儀礼**を通して感じる程度かもし
れない。かつて日本では唯一神ではなく八百万の神々、つまり神は至る所
にいると考えられていた。多神教というよりは**アニミズム**、つまり自然崇
拝が根底にある。しかし、近年、人々は自然への畏怖を感じることはあっ
ても、神々を敬い崇めることがあるだろうか。一方、タイは敬虔な仏教徒
が国民の9割を占めており、朝な夕なに熱心に仏に祈る姿が見受けられる。
寺院は地域の人々の神聖な場であり観光客のためのものだけではない。地
域の人々の信仰を汚すような言動は慎みたいものである。

３）習　慣

> ケース３
> 　Cさんは大学2年生、大学のスタディツアーでカンボジアを訪れる
> ことになった。スタディツアーの準備学習時間に先生より「カンボジ

通過儀礼：　ある状態から別の状
態へ移行する際に行われる儀礼。
特に、人の一生における誕生、成
人、結婚、死などの際に執り行わ
れる儀礼をいう。例えば、お宮参
り、成人式、結婚式、葬式などが
あり、普段とは違う食事を食べる、
伝統的な衣服を身につけるなどが
ある。

アニミズム：　動植物のみならず
無生物にもそれ自身の霊魂（アニ
マ）が宿っており、諸現象はその
働きによるとする世界観。エド
ワード・バーネット・タイラーは、
これを宗教の原初的形態と考え
た。

I　観光学と現代社会

アでは用を足した後、トイレの脇に置いてあるバケツから水を汲んで流すこと。トイレットペーパーをトイレに流してしまうと詰まってしまうので、近くに置いてあるカゴにペーパーは捨てること。水洗の様式タイプも水圧が弱いためペーパーは流さない方が無難である。またトイレの数そのものも少ないので余裕を持っていくこと」とアドバイスを受けた。しかし実際にカンボジアのトイレに行った際、使用ずみのペーパーをカゴに捨てることに心理的抵抗があり、水に流してしまったら案の定詰まってしまった。このようなトイレの使い方を繰り返したら便秘になってしまいそう！

　⇒アジア圏では水道管の整備がなされておらずペーパーを流すことができない。詰まらせてしまうと数少ないトイレを他の人が使えないなど、迷惑行為となってしまうため注意が必要である。

　身についた文化実践を変えるにはどうしたらいいのだろうか。幼少時から身についた習慣を変えることは難しい。また変えることについて苦痛を感じ、観光が楽しめないという人もいるだろう。しかし旅は延々と続くものではなく、ある一定の期間に限られる。この場合、長期的に物事を考えないこと、行動を変えた際に起こる自分の中での変化を楽しむことを心構えとした方がいい。日常生活においてもこのような文化間ストレスを抱えることは多いはずである。この時もあまり目標を掲げ過ぎず、まずは受け入れた際の自分の変化を実感することが大切ではないだろうか。

４）医療・保健

ケース４

　Ｄさんは大学１年生、フィリピンで「貧困問題を抱える子どもたちへのボランティア」を経験するため、１週間、訪問することになった。Ｄさんは、もともと動物が大好きで、道端で出会った犬や猫を撫で回す習性がある。自宅でも猫と犬と鳥を飼っており、それらの面倒見もよい。また、魚介類が大好きで、フィリピンでも海鮮料理を食べようと楽しみにしていた。しかし学校の先生に「フィリピンでは哺乳類に近づいてはいけません、動物の予防接種が積極的に行われていないので。また水道水は飲まないこと、そして魚介類も食べないように」と注意され、さらには狂犬病とＡ型肝炎の予防接種を受けに行くよう勧められた。なんで旅行に行くのに予防接種なんて必要なの？

　⇒狂犬病とは、狂犬病に罹患したすべての哺乳類から、嚙まれた時などに感染する。唾液に含まれたウイルスが人体に侵入し発症する。発症した人はほぼ100％死に至る。Ａ型肝炎とは魚介類や衛生状態の悪い土地での生水を摂取することで、Ａ型肝炎ウイルスに感染し肝炎を発症する。特有の治療薬はなく、安静にすることで数カ月で完治す

る。どちらも渡航 1 カ月前の予防接種で感染を防ぐことができる。

近年、日本人の海外渡航者数は増え続け、彼らが訪問先でさまざまな疾患に罹患する危険性が増している。こうした海外渡航者の健康問題を扱う医療として、欧米では**トラベルクリニック**が数多く設置されており、海外渡航者を対象に健康指導、予防接種、携帯医薬品の処方などが行われている。日本でもトラベルクリニックは増えつつあるが、国民の認知度は低い。本来、海外旅行をする人は渡航地の感染症情報や治安状況を事前に調べておく必要があるのだが、残念ながら多くの日本人にはまだそのような習慣はない。日本人は「予防」といった概念が他の民族と比較し薄い。しかしながら旅を楽しむには、自身の身を守ることも重要であり、今後はこのような知識を積極的に得て予防的行動をとることを期待したい。

> トラベルクリニック：　留学、海外での長期就労、旅行、出張など海外渡航前、帰国後の体調に関する相談、予防、治療を行う医療機関である。日本トラベルクリニックのリストは http://jstah.umin.jp/02travelclinics/ を参照のこと。

5）観光におけるトラブル回避

観光において先に述べたようなトラブルを避けるためには、最低でも渡航先の1）道徳と法律、2）信仰、3）習慣、4）医療・保健の要素を事前に調べておくことが必要である。近年、これも本離れといえるのか、ガイドブックを購入しない人々が増えている。上に述べた事柄はガイドブックにでも掲載されている内容である。詳しい治安情報は外務省海外安全ホームページに掲載されている。観光を楽しむためには「文化に即したガイダンス」を書籍、インターネット、その国に精通した人々から受けることを意識してもらいたい。

④　観光と地域の活性化

3 節では日本人のアウトバウンドを中心に述べてきたが、ここではインバウンドによる地域活性について触れていく。

現在、日本には 256 万 1848 人の外国人が在留している。最も多いのが中国、ついで韓国、ベトナムの順に多い（総務省　2017）。訪日外国人旅行者では中国、韓国、台湾の順に多く、彼らが全体の約 40％を占めている（日本政府観光局　2018）。つまり、日本に入ってくる外国人の多くはアジア出身者なのだが、彼らから見た日本の魅力は何だろうか。

アジア出身の訪日外国人旅行者のうち、リピーターは定番の観光地である東京、大阪、京都、北海道、沖縄のみならず、これら以外の地方の観光地へ赴くことが増えているという。地方観光地では、自然観光（四季を感じる）、歴史的な建造物・町並みなどが人気であり、さらには郷土料理や地域に住む人々とのふれあいにも関心も高いという（日本交通公社　2017）。訪日外国人旅行者の観光へのニーズは「日常的なごく普通の日本の体験」や「モノ（購入）ではなくコト（参加）」に変わりつつある。

I　観光学と現代社会

　また訪日外国人旅行者を年代別で見ると、年齢層の低い人々は「現代の日本文化」への興味関心が高い。例として「アニメ」「漫画」「コスプレ」などが挙げられるが、最近では東京・晴海で行われるコミックマーケットのみならず、アニメなどの作品の舞台となった土地を訪れるアニメツーリズム（聖地巡礼とも呼ばれる）も人気である。

　このようにインバウンドによる地域活性化を図るには、それぞれの観光地において、地域全体を戦略的にマネジメントする組織（日本版DMO：Destination Management/Marketing Organization）などが、訪日外国人の出身国、年齢層、ビギナーとリピーターなど、カテゴリーごとのきめ細やかなニーズを把握していく必要がある。そして実際の訪問につながるための情報の発信、具体的にはSNS（ソーシャル・ネットワーキング・サービス）による多言語観光情報を発信していくべきであろう。最近のメディアを見聞きしていると、外国人らは日本人の意識していなかった文化に感応し旅をしているように感じる。彼らはSNSによって観光地の情報を得ているようだが、その情報接触行動力には舌を巻いてしまう。

　この先、外国人の好奇心が新たな地域資源の開発につながり、景気を浮揚させることも期待できるのではないだろうか。つまり地域創生は**多文化共生社会**によってつくられていくといっても過言ではないだろう。しかしながら、訪日外国人旅行者と地域住民との間には、アウトバウンド同様、文化摩擦もつきものである。次に観光と多文化理解の課題について具体例を挙げ、文化摩擦をどのように解消していくべきか述べていく。

多文化共生社会：　国籍や民族などの異なる人々が、互いの文化的な違いを認め合い、対等な関係を築こうとしながら、地域社会の構成員としてともに生きていくこと（総務省　2006）。

5　観光と多文化理解の課題

　日本では、入れ墨は「ヤクザ」を連想させることが多く、ネガティブなイメージにつながる。近年では日本でも身体装飾の一つと考える人もいるものの、多くの入浴施設は利用客の反応を心配して、入れ墨のある人を入場禁止にしている。しかし観光庁は「入れ墨（タトゥー）がある外国人旅行者の入浴に際し留意すべきポイントと対応事例」と題した資料を発表した（観光庁　2016）。そこでは、日本人と外国人では入れ墨に対する価値観が異なる。訪日外国人旅行者が急増するなか、入れ墨がある外国人旅行者と入浴施設での相互の摩擦を避けられるよう、うながしていく必要がある、という考えが示された。訪日外国人旅行者、在日外国人らも日本の温泉を自由に楽しむべきである。しかしながら、これは法的拘束力がないため、各地域そして施設に判断は任されているといってもいい。

　入れ墨は宗教的、民族的意味合いや、習慣から入れるものでもある。例えば日本のアイヌ族の女性は忍耐力と生殖能力の象徴として、体に入れ墨を施していた。さらに入れ墨には医療、アートメイクや芸術的な意味のも

のも存在する。このように入れ墨には多様な意味があることを知ろうとする姿勢が必要ではないだろうか。

　自文化中心主義に陥りやすい日本社会が訪日外国人に対する「もてなし」を考える時、文化の意味を問い直し、先に述べた多文化対応能力という概念を導入することは非常に重要といえる。これは単に訪日外国人のエキゾティックな文化実践を特別視することでなく、彼らの言動を観察し、彼らの経験に耳を傾け、彼らの規範を理解することである。そして自文化規範を押しつけるのではない「他文化との折衝」をしていく姿勢を持つべきである。折衝とは、互いに譲歩しつつ一致点を見出すということである。相手の文化を知らないことが「折衝」を難しくする。この折衝が、来るべき多文化社会の中で、多文化対応能力を持った観光サービスの樹立につながると思われる。そしてこの新たなサービスの樹立は日本人にとっても利用しやすいサービスとなることも忘れてはならない。

　日本社会の価値観を押しつけるばかりでは、訪日外国人と共生することは難しい。訪日外国人に文化変容を求めるだけでなく、日本社会もパラダイムシフトしていくべきである。各国、各民族において、譲れない、固有の文化もある。訪日外国人の持つ固有の文化を受容する姿勢があれば、日本文化とハイブリットして新たな文化が生まれていくと考えられる。自らの価値観の変容を楽しむ力（レジリエンス）を地域全体で育てていきたいものである。

── Check ──

☐　文化とは何か、自分なりに具体例を挙げてください。

☐　文化実践について説明してください。

☐　Cultural Competence について説明してください。

☐　文化変容について説明してください。

☐　観光を楽しむためにはどのような文化を知っておくべきか、具体例を挙げてください。

☐　インバウンド、アウトバウンドについて説明してください。

☐　訪日外国人旅行者の観光へのニーズの変化について調べてください。

☐　観光庁のホームページを読み、日本版 DMO についての理解を深めてください。

☐　訪日外国人旅行者と地域住民の文化摩擦にはどのようなものがあるか具体例を挙げてください。

☐　上の設問で挙げた文化摩擦に対して、あなたはどのような態度をとるべきか考えてください。

（鵜川晃）

Ⅱ 部

現代社会における
観光のマネジメント

1 / 観光とマーケティング

　観光が地方創生における有力な産業として扱われるなか、各地域における DMO と呼ばれる観光地域づくりの中心的な担い手となる組織の育成の必要性が指摘されている。この DMO の主要な活動の一つがマーケティングである。近年、旅行者ニーズが多様化するなか、到着地が主導する地域資源を活用した体験型の旅行商品である着地型観光に期待と注目が集まっており、DMO はこの着地型観光の担い手としても注目されている。

　本章では、経営学や商学の分野で展開されてきたマーケティングに関する議論をもとに、地域における観光のマーケティングについて学ぶ。企業のマーケティングと地域の観光のマーケティングとの違いを意識しつつ、マーケティングとはどのような活動で、どのように進めていくものなのかを理解できるようになることが本章の目的である。なお、本章では着地型観光の担い手によるマーケティングが中心的なテーマとなるが、本質的にはマーケティングは発地型観光においても重要である。発地型観光のマーケティングではどのような活動が必要となるのかについては、本章やⅢ部の内容などから考えるようにしてほしい。

1　地方創生と DMO

　現代の日本において、観光は地域における有力な産業の一つとして見られている。「まちおこし」や「地域活性化」など、これまでにも地域の衰退を防ぎ、持続的な社会をつくり上げていくことに関連した表現は数多く登場してきたが、現代の日本において頻繁に使用されているのが「地方創生」という表現である。その地方創生に関する国の長期ビジョンや戦略の中で、観光と関係して繰り返し登場してきたのが、DMO という言葉である。

　DMO とは Destination Management/Marketing Organization の略である。Destination には、「目的地」や「行き先」「送り先」といった意味がある。つまり DMO とは、観光目的地域の観光戦略の策定や各種調査、マーケティング、商品造成、プロモーション等を一体的に実施する組織体を意味している。Ⅰ部1章で学んだように、近年、多様化してきた旅行者ニーズへの対応と、地域づくりに資するものとして、到着地が主導する地域資源を活用した体験型の旅行商品である着地型観光に期待と注目が集まるなかで、その担い手の一つとして注目されているのが DMO である。

2017年3月に閣議決定された「観光立国推進基本計画」では、2020年までに日本全国で世界水準のDMOを100組織形成するため、情報支援・人材支援・財政金融支援を実施していくことが述べられている。

2015年11月には**日本版DMO登録制度**が創設され、2018年7月31日時点では、86件（**広域連携DMO**：8件、**地域連携DMO**：48件、**地域DMO**：30件）の日本版DMOと、122件（広域連携DMO：2件、地域連携DMO：41件、地域DMO：79件）の**日本版DMO候補法人**が登録されている。

この制度において定められている日本版DMOとしての登録に関する要件は以下の通りである。

1．日本版DMOを中心として観光地域づくりを行うことについての多様な関係者の合意形成
2．データの継続的な収集、戦略の策定、KPIの設定・PDCAサイクルの確立
3．関係者が実施する観光関連事業と戦略の整合性に関する調整・仕組み作り、プロモーションの実施
4．法人格の取得、責任者の明確化、データ収集・分析等の専門人材の確保
5．安定的な運営資金の確保

観光地域づくりにおいては、現地の企業やNPO、地域住民、団体等、多種多様な人々の協力が不可欠である。また、一概に企業といった場合でも、ホテルや旅館などの宿泊業や、タクシーやバス、鉄道など地域の交通機関、各種観光施設やイベント等を営む事業者、地元の特産物を使った料理を提供する飲食店や、おみやげ物等を販売する小売業者などさまざまである。1の要件は、これら多種多様な関係者が存在するなかで、DMOが観光地域づくりの舵取り役となることが合意形成されていることを求めるものである。

これに対して2や3は、DMOの活動を定めたものである。市場規模や観光客の要望等の分析や、それらをもとにした戦略の策定、そして策定した計画を実行するための関連事業者や団体との調整、効果的なブランディング活動やプロモーションの実施、実行後の成果の評価や課題の抽出等を実施することが登録の要件として定められている。そして、4と5は、2や3の活動を円滑に実行していくための人材や運営資金の確保など、組織としての体制が整えられており、それらを維持することが可能となっていることを要件として定めたものである。

こうした要件の内容を見れば、DMOの活動を理解していくうえで、あるいはDMOで活躍する人材となるうえで、マーケティングについての理解が重要であることがわかるだろう。そこで以下では、DMOや観光関連

日本版DMO登録制度：　観光庁が、(1) 地域の取組目標となる登録要件の提示による日本版DMOの形成・確立の促進、(2) 関係省庁が日本版DMOの形成・確立を目指す地域の情報を共有することによる支援の重点化、(3) 日本版DMOの間の適切な連携を促すことで、各法人間の役割分担がされた効果的な観光地域づくり等を実現すること、を目的として創設した制度。

広域連携DMO：　複数の都道府県に跨る地方ブロックレベルの区域を一体とした観光地域として、マーケティングやマネジメント等を行うことにより観光地域づくりを行う組織。DMOが観光地域づくりを行うエリアは、各市町村など小規模なエリアから複数の都道府県を跨るような広域的なエリアまで、さまざまな可能性を考えることができる。そのため、日本版DMO登録制度では、このほかに地域連携DMO、地域DMOという法人登録区分をつくっている。

地域連携DMO：　複数の地方公共団体に跨る区域を一体とした観光地域として、マーケティングやマネジメント等を行うことにより観光地域づくりを行う組織。

地域DMO：　原則として、基礎自治体である単独市町村の区域を一体とした観光地域として、マーケティングやマネジメント等を行うことにより観光地域づくりを行う組織。

事業者にとって必要なマーケティングの知識について学んでいく。

② マーケティングの基本

1）マーケティングの目的

　次のような状況に直面した時、あなたならどんなことを考えるだろうか。
　　あなたはとある地域の役所の観光課に勤めている。ある日、市町村
　　長が地元の観光客数を増加させるプロジェクトの立ち上げを宣言し、
　　あなたはそのリーダーに抜擢された。来週の会議までに、観光客数を
　　増加させるための具体的なアイデアを考えなくてはならない。

　読者の中には、アニメの聖地やパワースポットなど、新しい観光スポッ
トをつくり出すという案を思いついた人がいるかもしれない。また、
Twitter や Facebook など、多数のユーザー数を誇る SNS のアカウントを
役場でも作成し、宣伝活動を行うという案が思い浮かんだ人や、同じ
SNS の活用でも、2017 年の流行語にもなった「インスタ映え」のように、
観光客自身が地元の風景やおみやげ品の写真を投稿して、他のユーザーに
情報を拡散していくようなことを狙ったキャンペーンを実施するという案
を思いついた人がいるかもしれない。その他、観光で訪れてくれた人に豪
華景品が当たるキャンペーンを実施するという案や、人気のアイドルや女
優を CM キャラクターに採用するという案、宿泊や交通機関をネットで
簡単に予約できるサイトをつくるという案などを思いついた人もいるだろ
う。これらのいずれも方法として問題があるわけではない。実際、これら
と同様の方法で成功した事例も存在しているだろう。

　ただしマーケティングは、これらの取組みについて、あることを重要視
する。それは「顧客に目を向けているかどうか」「顧客の視点・立場から、
製品やその販売に関連する活動を考えて実行しているかどうか」である。
『マネジメント』や『現代の経営』などの経営に関する著作で有名なピー
ター・F・ドラッカーは、マーケティングの目的について、「顧客につい
て十分に理解し、顧客に合った製品やサービスが自然に売れるようにして、
セリング（売り込み）を不要にすることである」と述べている。製品や
サービスが自然に売れる状態とは、顧客に購買を強制したり、無理をいっ
て購入をお願いしたりするのではなく、顧客が自発的に購買をする状態で
ある。そのような状況や仕組みをつくり上げていくことをドラッカーは
マーケティングの目的と述べているのである。

　そして、そのためにも重要となってくるのが「顧客に目を向けているか
どうか」「顧客の視点・立場から、製品やその販売に関連する活動を考え
て実行しているかどうか」である。マーケティングという言葉を見聞きす
ると、売上げアップの秘訣や仕掛けのことをイメージする人がいるかもし

日本版 DMO 候補法人：　日本版 DMO に登録される前の段階の法人であり、この候補法人登録申請の時点では、実際に当該 DMO が存在し活動している必要はなく、今後法人を立ち上げる構想や意欲を有する場合、構想段階でも登録申請ができる。日本版 DMO 候補法人は、観光庁長官に対する事業報告書の提出や形成計画等の修正を行い、本文でも述べられている 5 つの登録要件について、「今後該当する予定」ではなく「既に該当している」となった場合、改めて日本版 DMO として登録される。

れないが、本当に重要となるのは、「近代マーケティングの父」とも呼ばれているフィリップ・コトラーの定義にもあるように「人間や社会のニーズを見極めてそれに応えること」である。このことはDMOなど、着地型観光に携わる組織や団体のマーケティングにおいても同様である。

では次に、マーケティングの基本的知識に基づいて、「顧客の視点・立場から、製品やその販売に関連する活動を考えて実行していく」具体的な方策について見ていこう。

2）マーケティング環境の分析

マーケティング活動は、自らの置かれている状況を分析することから始まる。変わりゆく環境をしっかりと把握し、これに積極的かつ柔軟に対応していくためである。マーケティング環境は、内部環境と外部環境に大別することができる。

一般的な企業のマーケティングの場合、内部環境とは企業内部の状況のことを意味する。これに対して、地域観光のマーケティングにおける内部環境とは、地域内の観光資源や財政の状況、DMOの状態（人材やノウハウの有無など）や他の関連事業者の状況（人材やノウハウを巻き込むことができているかどうかなど）となる。これらを調査し、観光地としての強みや弱みを特定していくことが地域観光のマーケティングにおける内部環境の分析となる。近年は全国各地で自治体の活動や大学教育の一環として、いわゆる「地域資源マップ」の作成が取り組まれている。こうした活動を通じて、いわゆる特産品や観光スポット、飲食店だけではなく、地域の中にある身近なものや風景、精力的に地域活動に関わる人など、多種多様な観点をもとに新しい地域資源の発見に成功している地域も多い。地域観光のマーケティングにおいて内部環境を分析する際に、こうした取組みの結果を活用することも重要になってくるだろう。

一方、外部環境とは、政治や経済の状況や、人口構成やライフスタイル、社会階層などの社会的状況、技術発展の動向などのことを意味する。また、地域観光のマーケティングの場合、近隣の地域や同じ客層をターゲット観光客にしている他の地域の状況や、マスメディアや地域外部で活動するNPOや市民団体の動きなども外部環境として分析していく対象となるだろう。

これら地域内外の環境をマーケティング環境として分析する手法として、PEST分析やSWOT分析などが有名である。PEST分析は、マーケティングの外部環境の分析の一つであり、分析の対象とするPolitics（政治）、Economy（経済）、Society（社会）、Technology（技術）の4つの領域の頭文字をとった表現である。これら4つをもとに各領域の現状や今後について把握、洞察していく手法である。

Ⅱ　現代社会における観光のマネジメント

図表Ⅱ-1-1　とある地域の観光に関するマーケティング環境のSWOT分析

	強み（Strength）	弱み（Weakness）
内部環境	・自動車や窯業を中心とした産業観光の資源が豊富 ・宿泊施設の多さ ・空港や駅など、国内外からのアクセス環境が整っている	・地域内の公共交通機関の利便性が悪い ・食文化関連の観光資源が少ない ・多言語対応が不十分
	機会（Opportunity）	脅威（Threat）
外部環境	・インバウンド政策の推進 ・外国人観光客の増加 ・近隣空港でのLCCの路線数の増加 ・体験型観光に対する注目と期待の増加	・インバウンド需要を狙う他の地方都市の増加 ・従来とは違う国や地域からの観光客の増加 ・異常気象の多発

　一方、SWOT分析は図表Ⅱ-1-1のように、外部環境だけではなく内部環境についても分析する。また、外部環境については機会と脅威を区別し、内部環境については強みと弱みを区別する。外部環境と内部環境をこのように整理していくことによって、自分たちの活動に新たな機会をもたらす政治や経済、社会、技術の動向は何か、逆に脅威となるそれらの動向は何か、自分たちが活用可能な強みは何か、自分たちが持つ克服すべき弱みは何かということが明確となる。

3）標的市場の設定―セグメンテーションとターゲティング

　次に、マーケティング環境の分析に基づき、マーケティング計画の策定が行われる。計画の策定はSTP（セグメンテーション、ターゲティング、ポジショニング）を検討する段階と、マーケティング・ミックスを策定する段階に分けることができる。図表Ⅱ-1-2は、マーケティング環境の分析から計画の策定と実行に至るまでのプロセスを描いている。

　まずは第一段階の前半であるセグメンテーションとターゲティングについて説明していこう。マーケティングでは、「市場」を顧客の集まりとしてとらえる。セグメンテーションとは、その市場をさまざまな性質やニーズを持つ顧客の集まりであると想定したうえで、それらをニーズや反応が類似するグループに細分化していくことである。分けられた個々の集まりはセグメントと呼ばれる。セグメントはニーズや反応が類似する顧客を束ねたグループということになる。

　セグメンテーションを実施するためには、市場を分ける際の基準を考えていく必要がある。基準はセグメンテーション変数とも呼ばれる。最も頻繁に用いられる変数といえるのは、年齢や性別、世帯規模、所得、学歴などの人口統計的変数である。これらの変数が異なれば各商品やサービスに求めるニーズも異なることは容易に想像がつくだろう。例えば、単身、2人、3人以上など世帯規模が異なれば、観光時の宿泊先や飲食店で求めるサービスの内容は異なってくる。

図表Ⅱ-1-2　マーケティング・マネジメントのプロセス

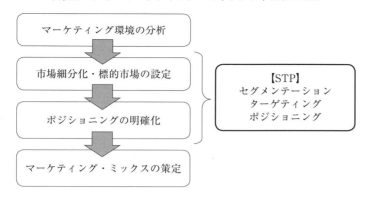

セグメンテーションでは人口統計的変数以外にも、**地理的変数、社会文化的変数、心理的変数**なども用いられる。近年、日本では海外からの観光客の誘致に積極的であるが、同じ外国人観光客でも国籍が異なれば、観光で日本を訪れる時に期待しているものや消費行動が異なるといわれている。JNTO（日本政府観光局）が公表している海外からの観光客の行動や消費についてのデータをもとに考えてみよう。図表Ⅱ-1-3は、中国、韓国、オーストラリア、アメリカ、フランスからの観光客の日本滞在中の一人当たりの各消費項目の平均支出額を比較したものである。中国からの観光客は買物代の金額が、他の滞在中の支出項目よりもかなり大きくなっている。他の国のデータと比べると、これは日本を訪れる中国人観光客の特徴の一つであることがわかる。

また、観光滞在中の各購入品目に対する一人当たりの支出額を比較すると（図表Ⅱ-1-4）、中国人は特に化粧品や医薬品・トイレタリー関連の商品の購買額が他の国よりも高いことがわかる。

もちろん、日本人の場合でも、普段は海が見られない地域で生活している人と、普段から海沿いの地域で暮らす人では、魅力的に感じる料理やレジャー体験は異なるだろう。その他、たとえ住んでいる地域や国籍、年齢、所得などが同じ場合でも、各種レジャー体験に対する経験や知識の量、訪問回数が異なれば、現地で求めるサービス等の体験の特徴も異なってくる。

実際のセグメンテーションは、こうした変数のいくつかを組み合わせながら実施していく。図表Ⅱ-1-3・1-4で使用していたような観光客の購買や観光行動に関するデータは、近年インターネット上でも入手でき、それらを参考に、観光客のセグメンテーションを行うこともできる。ただし、参考となるデータ等で示されているセグメンテーション基準は、実際に観光マーケティングの計画策定を行う際には慎重に扱う必要がある。例えば、中国からの観光客の中には、所得や価値観などにおいて、従来とは異なるタイプの人々が増えてきているとのニュースも見聞きするようになってき

地理的変数： セグメンテーションの際に用いる、地方、気候、人口密度、などの切り口のこと。

社会文化的変数： セグメンテーションの際に用いる、人種や宗教、国籍、社会階層などの切り口のこと。

心理的変数（サイコグラフィック変数）： セグメンテーションの際に用いる、ライフスタイル、パーソナリティー、価値観、購買動機などの切り口のこと。

Ⅱ　現代社会における観光のマネジメント

図表Ⅱ-1-3　観光で日本滞在中に行う消費についての国別比較（2016 年）

（円／人）

観光滞在中の消費項目	中国	韓国	オーストラリア	アメリカ	フランス
飲食費	29,858	15,193	48,600	37,365	41,399
交通費	19,633	6,968	38,179	29,215	34,776
娯楽・サービス費	11,716	7,658	25,567	12,546	11,527
買物代	123,724	19,914	41,372	29,186	30,901

出典：JNTO 訪日旅行データハンドブック 2017 より筆者作成

図表Ⅱ-1-4　観光で日本滞在中に行う物品購入についての国別比較（2016 年）

（円／人）

購入品目	中国	韓国	オーストラリア	アメリカ	フランス
菓子類	10,951	5,214	5,882	5,394	4,893
カメラ・ビデオカメラ・時計	59,405	15,274	10,979	31,212	10,582
電気製品	37,232	13,780	8,914	12,776	19,332
化粧品・香水	44,894	6,649	10,693	9,488	4,420
医薬品・健康グッズ・トイレタリー	31,943	7,050	3,855	4,757	2,840

出典：JNTO 訪日旅行データハンドブック 2017 より筆者作成

た。図表Ⅱ-1-3・1-4 のデータ上では中国人として一括りになっているが、同じ中国人であっても所得や価値観などによって、さらに別々のセグメントに分けることができるのである。

　顧客の集まりである市場に対しセグメンテーションを実施し、市場をいくつかのセグメントに細分化した後に行うのがターゲティングである。ターゲティングとは、どのセグメントをマーケティングの対象として設定するのかを、各セグメントの魅力を評価しつつ決定する作業である。対象として設定されるセグメントは、単一の場合も複数の場合もある。

　ターゲティングのメリットとしては、具体的なマーケティング活動の内容が定まってくる点を挙げることができる。どのようなニーズを満たす観光ツアーや宿泊プランを用意すればよいのか、観光地としての魅力や情報を伝えるうえで、どのようなメディアを選択するのか、どのような内容にするのか等は、ターゲティングによって選択されたセグメントから考えていくことができる。その一方でターゲティングにはデメリットも存在している。それは、ターゲット以外のセグメントにとって製品やサービスが魅力のないものになるリスクを伴うという点である。例えば、高齢者向けの携帯電話は画面上の文字表示が大きい。これはターゲットである高齢者にとってはニーズを満たすものといえるが、他の年齢層のセグメントにとっては魅力的なものとはならない可能性が高い。こうしたターゲティングのデメリットも踏まえて、企業では複数のセグメントをターゲットとして設定したり、セグメントごとに異なる製品やサービスを提供する方法を採用したりしている。先ほどの例でいえば、地域によって、観光客として中国

の富裕層のみをターゲットに観光地としてのマーケティングを考えていくところもあれば、富裕層以外のセグメントも同時に狙う方針にして、それぞれのセグメントに向けたマーケティングを考えていくところもあるだろう。

4）ポジショニング

標的とする市場セグメントを決定したら、次にポジショニングを検討していく。通常、顧客は自分が求めているニーズを満たしてくれる製品を、多数の選択肢の中から選ぶことができる。これは観光においても同様である。地域は、たとえセグメンテーションによって標的とするセグメントを決定できたとしても、そのセグメントに自分たちが独占的にアプローチできるのではない。自分たちの地域が観光の行き先としてターゲット顧客層から選ばれる存在になるためには、競合する観光地とは異なる独自の魅力をターゲット顧客が自分たちの地域に対して感じ取るようにする必要がある。そのため、ターゲット顧客が魅力を感じる特徴や、そのことに対する競合地域の特色についても考えていく必要がある。この作業、すなわち競合との相対関係において、標的とする顧客のマインド内で自社製品（地域の観光マーケティングの場合は自地域）が明確、特殊かつ望ましい位置を占めるようにすることをポジショニングという。

ポジショニングでは、顧客が知覚する各ブランドの相対的な特徴を、位置関係によって表した図である「知覚マップ」を作成することが多い。知覚マップはターゲット顧客の頭の中での比較イメージ図、すなわち自分たちの製品と競合製品が、どのように異なるのかを表すものである。図表Ⅱ-1-5は外国人観光客をターゲットにしたとある地域の観光地としてのポジショニングを表している。

図表Ⅱ-1-5　外国人観光客をターゲットにしたとある地域の観光地としてのポジショニング

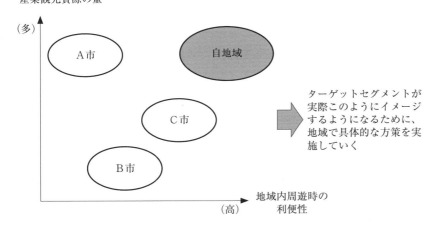

5）マーケティング・ミックスとマーケティング・リサーチ

　STP が定まったら、次はこれに応じた形でマーケティング・ミックスの策定を行う。マーケティング・ミックスとは、ターゲット顧客を想定しながら展開される具体的な手段や活動の集合である。製造業などの企業におけるマーケティングの具体的な手段や活動とは、製品スペックやデザイン、品質の決定、価格設定、広告づくりやキャンペーンの展開、イベントの実施、販売ルートや販売方法の設定などである。マーケティングのテキストでは、これら具体的な手段や活動を、製品（Product）、価格（Price）、流通（Place）、プロモーション（Promotion）という 4 つの領域に分けて説明することが多い。いずれも P から始まる英単語となることから 4Ps と呼ばれることもある。以下では、地域の観光マーケティングにおける製品とプロモーションの内容について見ておく。

　地域の観光マーケティングにおける製品に関する具体的な活動とは、ターゲット顧客に合わせた観光資源や宿泊施設、移動手段の整備、それらを総合的にまとめて提供するツアー内容の考案、その際の接客サービス、情報案内等のサポート体制の整備等が考えられる。その際、最も重要になってくるのは、顧客が抱えている課題の解決や望む状態の実現など、これらが実際に提供された際に顧客にもたらされるもの、すなわち便益（ベネフィット）とは何かという点を明確にすることである。「ストレスからの解放」や「非日常を経験する」「その地域の伝統や文化を知る」など、さまざまなものが便益として考えられるだろう。ターゲットとして設定したセグメントがどのような便益を求めているのかを第一に想定し、そこから、それらを実現するものを具体的に考えていくのである。また、DMO や観光協会のように、観光地域づくりにおける中心的役割を担う団体や組織の場合、製品に関する活動として、地域の宿泊業者や飲食店、交通機関など、各種事業者を調整する役割を担うことも必要になるだろう。

　プロモーションについては、マスメディアでの広告掲載や旅行代理店で配布するチラシなどの作成のほかに、自分たちで管理運営するウェブサイトの立ち上げや、SNS での公式アカウントの取得による情報発信も実施していく必要がある。また、メディアで番組や記事として自分たちの地域が紹介されることを狙い、パブリシティなどの活動を展開することも重要である。

　その他、インターネット上で展開されるユーザーのクチコミについても、人々の利用促進等、プロモーションに関わるものとして扱う必要がある。例えば、旅行クチコミサイトの一つであるトリップアドバイザーでは、ユーザーによる評価をもとにした観光スポット等のランキングを毎年発表している。発表されたランキング等の情報は、トリップアドバイザーの

ユーザーに公開されるだけではなく、メディアの記事等でも紹介されることが多いため、ランキングの上位に入った観光スポットの利用者数などにも大きな影響力がある。

　また、こうしたクチコミサイトに投稿されているユーザーの感想は、マーケティング活動の成果を確認するデータとしても扱うことができる。マーケティングにおける調査活動は、自分たちの商品や企業のイメージ調査や、試験的に商品を販売した際の顧客反応の調査、宣伝活動実施後の効果測定など、環境分析以外の場面でも行われるという点を理解しておくことが、DMO の運営や DMO で活躍する人材となるうえで重要である。

── Check ──

☐　DMO とはどのような活動をする組織ですか。
☐　地域が観光に関するマーケティング環境を分析する場合には、どのようなことを分析しますか。
☐　PEST 分析とはどのような分析ですか。
☐　SWOT 分析とはどのような分析ですか。
☐　人口統計的変数を用いて、自分が知っている観光地の観光客のセグメンテーションを考えてください。
☐　地理的変数を用いて、自分が知っている観光地の観光客のセグメンテーションを考えてください。
☐　社会文化的変数を用いて、自分が知っている観光地の観光客のセグメンテーションを考えてください。
☐　心理的変数を用いて、自分が知っている観光地の観光客のセグメンテーションを考えてください。
☐　地域の観光マーケティングにおける製品に関する具体的な活動にはどのようなものがありますか。
☐　地域の観光マーケティングにおけるプロモーション活動にはどのようなものがありますか。

（高柳直弥）

コラム 2

産業観光と企業博物館

　産業観光は、大量生産・大量消費型の観光に代わる新しい観光形態であり、地域固有の資源を体験型・交流型の要素を取り入れて活用していくものとして注目されている「ニューツーリズム」のジャンルの一つである。2003 年に発表された「観光立国行動計画」によると、産業観光とは「産業に関する施設や技術等の資源を用い、地域内外の人々の交流を図る観光」と定義されている。

　具体的な例として、企業が自社や自社業界に関わる資料を収集して保存や展示を行っている企業博物館や工場見学などの、地域の観光スポットとしての活用が挙げられる。日本には規模が小さいものを含めると 300 件以上の企業博物館が存在するといわれている。一言で企業博物館といっても、その特徴はさまざまである。自社の歴史や創業者の理念、商品の開発やヒットにまつわるエピソードが中心の施設もあれば（例：パナソニックミュージアム、ヤマハコミュニケーションプラザ）、地域と企業との結びつきを中心に展示や活動を展開している施設（例：ヤンマーミュージアム、安川電機みらい館、INAX ライブミュージアム）、科学や技術の仕組みを体験などからわかりやすく伝えることを中心に活動している施設もある（例：東芝未来科学館、カワサキワールド）。上記で例として挙げた博物館は、いずれも地域の観光スポットとしても活躍している。

　また、かつて使用していた機械や建造物などを「産業の遺産」として認定し、観光資源として活用していくことも産業観光の一つである。日本では 2007 年と 2009 年に経済産業省によって「近代化産業遺産群」がとりまとめられている。これは、日本の近代産業と関連する建築物や機械、装置などを調査し、地域と産業の関わり合いの歴史など、社会的背景をストーリー化することによって、自治体が産業観光などの地域活性化を図る際に活用することを狙いとしている。ここで選定された産業遺産には、企業博物館の建物や所蔵する資料も含まれている。選定された遺産には、酒造用具のように伝統工芸としての認識が従来からあったものに加えて、電気冷蔵庫や洗濯機、自動織機、エンジンなど、近代産業に関する技術や製品も含まれている。

　企業博物館や産業遺産を活用した産業遺産の推進は、台湾など海外でも行われている。産業観光が国や地域ごとに、どのように異なってくるのかを比較してみるのも、このジャンルの理解を深めるうえで役立つだろう。

（高柳直弥）

2 / 観光の諸政策

ここでは、観光行政の仕組みと事業内容について学ぶ。観光行政は、大きくは観光主管組織と観光に関連する事業を実施している観光関連行政とがある。国でいえば観光庁が観光主管行政であり、グリーンツーリズムを推進している農林水産省、エコツーリズムを推進している環境省などが観光関連行政に当たる。これは地方公共団体も同様な構造となっている。このように観光政策が他の所管行政との連携が不可欠等のところから総合行政ともいわれている。また、観光関係団体の役割も重要であり、行政と観光事業の棲み分けと協力体制をとり各種事業を実施している。

観光政策においては、地方自治法でも述べられている通り、住民の福祉の増進が最終目的となるような施策を実施していく必要がある。

国においては、観光立国推進基本法によって定められている観光立国推進基本計画を策定し、それに基づき5カ年の事業が実施されている。さらに観光立国を推進するための各種事業内容を行っているが、観光地域づくりにおいては観光圏整備事業や日本版DMO事業、国際観光推進においてはビジット・ジャパン事業などが中核事業として位置づけられている。

1 観光行政の仕組み

1) 観光行政と観光関係団体

観光行政を行う中核組織は、政府、都道府県、市町村における観光主管部署である。政府においては観光庁、都道府県においては各都道府県の観光部、観光課等、市町村においては観光部、観光課、観光係などにより所管されている。都道府県、市町村における各所管部署の名称は、それぞれの自治体における観光の位置づけによりさまざまな名称となっている。

また、各行政団体の多くは各種観光振興事業を円滑に推進するため、観光関係団体を有している。政府においては、**独立行政法人国際観光振興機構**と**公益社団法人日本観光振興協会**、その他各種業界の集まりである一般社団法人日本旅行業協会や一般社団法人日本旅館協会などの多くの観光関係団体がある。

都道府県においては、各都道府県ごとの観光協会等があるが、広域的な観光を推進するため、東北観光振興機構や九州観光振興機構などの各道府県や民間により組織された広域観光関係団体がある。また、各市町村や観光地や地区ごとにも、観光協会等の観光関係団体がある（図表II-2-1）。

独立行政法人国際観光振興機構（日本政府観光局／JNTO: Japan National Tourism Organization）： 東京オリンピックが開催された1964年に設立、訪日外国人旅行者の誘致を主たる業務とする日本の公的な専門機関。15都市に海外事務所を持ち、日本へのインバウンドツーリズム（外国人の訪日旅行）のプロモーションやマーケティングを行う。海外事務所は、2016年以降クアラルンプール、マニラ、ハノイ、デリー、ローマ、マドリードなどに開設予定。

公益社団法人日本観光振興協会： わが国の観光振興に関する中枢機関（ナショナルセンター）として、国内の観光振興を総合的に図るための各種事業を行うことにより、観光立国の実現、地域経済および観光産業の発展ならびに国民の生活および文化の向上に寄与するとともに、国際親善に資することを目的としている。

Ⅱ　現代社会における観光のマネジメント

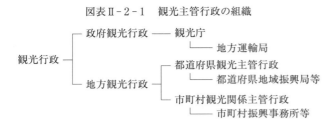
図表Ⅱ-2-1　観光主管行政の組織

　これら観光関係団体は、それぞれの地方公共団体や民間組織等と連携を図るとともに、行政との役割分担を図りながら事業を実施している。その多くは行政からの支援を得て運営されている。法人格は、公益もしくは一般の社団法人や任意団体で組織化されていたが、近年では株式会社ニセコリゾート観光協会や、NPO法人阿寒観光協会まちづくり推進機構などさまざまな法人格の取得と組織の性格に合わせた事業内容の見直しなどが行われてきている。

2）観光行政等の変遷

　観光行政は、多くの変遷を経て今日に至っている。政府観光行政は、1930年鉄道省国際観光局として設立された。戦後、1946年に運輸省鉄道総局業務局に観光課が置かれ、その後運輸省内において1949年大臣官房観光部、1955年観光局、1968年大臣官房観光部に戻り、そして1984年国際運輸・観光局観光部となり局の中に再び観光の名称が付与された。1991年に運輸政策局観光部として初めて政策部署に観光が置かれた。2001年に運輸省、建設省、国土庁が合併し国土交通省となり、総合政策局観光部となったが、2004年には国土交通省総合政策局の中での所管になり観光という局部名でなくなり、観光の総合行政としての位置づけを踏まえ総合政策局という企画部署に置かれた。そして、2008年10月1日わが国で初めて観光庁が創設され、観光立国に向けて新たな体制強化により事業が実施されている。

　政府観光行政の移り変わりとともに、観光関係団体の変遷も激しく、東京オリンピックが開催された1964年に、現在の前身となる国際観光の推進母体としての特殊法人国際観光振興会（現独立行政法人国際観光振興機構）と国内観光振興の推進母体としての社団法人日本観光協会（現公益社団法人日本観光振興協会）が設立されている。

3）総合行政としての観光行政

　観光行政は、総合行政といわれる。それは、観光行政の大きな特徴であり、次のような視点が考えられる。

　(1)　観光行動と多様な産業との関わり　　一連の観光行動においては、情報関係、交通関係、宿泊関係、展示見学施設、食事施設等のさまざまな

産業等と関わり合う。観光産業といわず観光関連産業といわれる所以である。このように観光活動においては多様な産業との関わりが必要であり、その産業と関連する行政主管との調整・協働が不可欠であることから、観光は総合行政といわれる。

　(2)　**観光目的と受入れ体制の整備**　　観光目的は観光客によりさまざまであり、文化財、生活文化、産業文化、自然資源など多様な観光資源・施設などが対象となる。また、体験活動といわれる農林漁業体験や民工芸品づくり体験など多くの活動が行われる。それら観光対象や活動を所管する行政は、文化行政、自然環境行政、農林漁業行政などさまざまである。

　近年ではニューツーリズムといわれるように、観光活動や旅行形態がさらに多様化しており、例えば、政府においては、エコツーリズムは環境省、グリーンツーリズムは農林水産省、文化観光は文化庁など他省庁との連携を図りながら実施されている。

　(3)　**各省庁における観光効果の見直し**　　各省庁から見ると、それぞれの事業実施における観光振興との連携による効果が見直されてきたともいえる。例えば農業行政においては、耕作放棄地における蕎麦への転用と蕎麦による来訪促進、茅葺家などの廃屋等の宿泊施設等の活用、農業体験による観光交流の促進、農業のサービス産業化（農業の六次産業化等）など、農業と観光との連携による農業の活性化や農産物の付加価値の付与、農村景観の保全などが図られている。

　このように、観光行政においては他の行政との連携が不可欠であり、また他の行政においても観光振興への対応が新たな活性化策の効果的な一つとなっているといえる。

　よって、観光行政を考える時、各種観光政策を主に実施している観光主管行政（狭義の観光行政）と観光政策に大きく関係しているすべての観光関連行政（広義の観光行政）という2つの位置づけから見ていく必要があるといえる（図表Ⅱ-2-2）。

4）観光行政の目的

　行政において観光を行う目的には、大きくは2つある。

　一つは、来訪者としての観光客の来訪目的の達成やそのための利便化を支援し、満足して帰路についてもらうこと。そしてもう一つは政府においては国内振興、地方公共団体においては地域の振興である。前者は、観光

図表Ⅱ-2-2　狭義と広義の観光行政

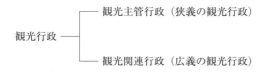

客の満足、後者は地域の満足であり、これらは観光の効果（波及効果）とされる。住民（住民生活）の向上などもそのうちの一つとして扱われることが多いが、この住民への効果は観光行政において最も重要なことなのである。

地方自治法の「第1編　総則」の第1条の2には「地方公共団体は、住民の福祉の増進を図ることを基本として、地域における行政を自主的かつ総合的に実施する役割を広く担うものとする」としている。このように、地方公共団体は住民の福祉の増進を図ることを基本とすると明記されており、観光行政も同様であるといえる。そうすると、行政が行う観光政策・事業は、その段階はあるにせよ、結果として住民の福祉の増進につながっていかなくてはならないことになる。

1970年ころから、一部行政の中から観光がほぼ消滅したことがある。例えば兵庫県における観光主管である部署の名称を見てみると、1971年商工部観光課であったのが、1972年生活部余暇課、1975年企画部文化局余暇担当、1976年商工部商業貿易課、そして1979年商工部新産業観光課、1980年商工部新観光課となり8年ぶりに組織名として観光が再び日の目を見る。埼玉県では『観光便覧』が『余暇便覧』に取って代わり、一部の都道府県や市町村でも同様のことが起こった。これらは、行政は住民のためであり、来訪者という外部の人のために行うものではないという考えからきたものと思われる。

今日では、このような考え方は影を潜めた。しかし、観光による地域への波及効果を求めて観光施策が行われてはいるが、観光行政における最終の目的としては、住民の福祉に多大な効果・貢献する観光振興を推進することが求められていることには間違いない（図表Ⅱ-2-3）。

2　観光庁と観光立国推進基本法

1）観光庁の設立経緯

観光庁は、わが国の観光立国の実現を総合的かつ計画的に推進するための体制を強化するため、2008年10月1日に発足した。

観光立国の実現は、21世紀のわが国経済社会の発展のため不可欠な重

図表Ⅱ-2-3　行政における観光政策の目的

要課題とし、2007年1月、観光立国推進基本法が施行。同年6月、観光立国に向けての総合的かつ計画的な推進を図るため観光立国推進基本計画が閣議決定された。そして推進のための課題として次のような課題が提起された。

① わが国が国を挙げて観光立国を推進することを発信するとともに、観光交流拡大に関する外国政府との交渉を効果的に行う。

② 観光立国に関する数値目標の実現にリーダーシップを発揮して、関係省庁への調整・働きかけを強力に行う。

③ 政府が一体となって「住んでよし、訪れてよしの国づくり」に取り組むことを発信し、地方公共団体・民間の観光地づくりの取組みを強力に支援する。

２）観光立国推進基本法

観光立国推進基本法は、1941年に策定された観光立国推進会議による「観光立国推進戦略会議報告書」等を受け、1963年6月20日に施行された観光基本法を全面改正し、2006年12月13日に議員立法により成立、2007年1月1日より施行された。本法律において、観光が21世紀における日本の重要な政策の柱として明確に位置づけられたといえる。

本法律においては、観光立国の実現に関する施策の基本理念として、地域における創意工夫を生かした主体的な取組みを尊重しつつ、地域の住民が誇りと愛着を持つことのできる活力に満ちた地域社会の持続可能な発展を通じて国内外からの観光旅行を促進することが、将来にわたる豊かな国民生活の実現のため特に重要であるという認識のもとに施策を講ずべきこと等を定めている。また、政府は、観光立国の推進に関する施策の総合的かつ計画的な推進を図るため、「観光立国推進基本計画」を定めることとしており、この計画に基づき政府の観光施策が推進されている。国の基本施策としては、①国際競争力の高い魅力ある観光地の形成、②観光産業の国際競争力の強化および観光の振興に寄与する人材の育成、③国際観光の振興、④観光旅行の促進のための環境の整備に必要な施策等を講ずること、としている。

また、それに伴い都道府県においても**道県観光条例**の設置が進められた。

３ 観光立国推進基本計画

１）観光立国推進基本計画の概要

観光立国推進基本計画は、観光立国推進基本法第10条において「政府は、観光立国の実現に関する施策の総合的かつ計画的な推進を図るため、観光立国の実現に関する基本的な計画（以下「観光立国推進基本計画」という。）を定めなければならない」とされている。

道県観光条例： 沖縄県（1980年）、北海道（2001年）、高知県（2004年）では基本法成立の前に施行されていたが、長崎県が同年に、2007年から広島県、岐阜県、島根県など、2016年10月現在において31道県で施行されている。

Ⅱ　現代社会における観光のマネジメント

　観光立国推進基本計画の計画目標年は5年であり、2007年6月、第1回目の観光立国推進基本計画が策定され、2012年3月、新たな観光立国推進基本計画が策定された。

　2012年策定の観光立国推進基本計画は、2008年10月観光庁発足、2010年5月観光立国・地域活性化戦略が7つの戦略分野の一つとして盛り込まれた**新経済成長戦略**の閣議決定、2011年3月東日本大震災などを受け策定された。その後、2012年、2017年に継続・策定されている。

2）観光立国推進基本計画の内容

　観光立国推進基本法の規定に基づき、観光立国の実現に関する施策の総合的かつ計画的な推進を図るため、2017年度からの施策を定めた「観光立国推進基本計画2017」が閣議決定された。本来は5年間であるが、2020年東京オリンピック・パラリンピックの開催を踏まえ4カ年を計画期間としている。本計画の副題（テーマ）は「世界が訪れたくなる日本を目指して」としている。

【基本的な方針】

基本的な方針として、次の4項目が挙げられている。

① 　国民経済の発展

② 　国際相互理解の増進

③ 　国民生活の安定向上

④ 　災害、事故等のリスクへの備え

【目標値】

インバウンド消費およびその効果を地方等へ拡大するため新たに③～⑤の基本的な目標項目が追加された。

○国内観光の拡大・充実

① 　国内旅行消費額：21兆円（2015年実績値：20兆4000億円）

○国際観光の拡大・充実

② 　訪日外国人旅行者数：4000万人（2015年実績値：1974万人）

③ 　訪日外国人旅行消費額：8兆円（2015年実績値：3兆5000億円）

④ 　訪日外国人旅行者に占めるリピーター数：2400万人（2015年実績値：1159万人）

⑤ 　訪日外国人旅行者の地方部における延べ宿泊者数：7000万人泊（2015年実績値：2514万人泊）

⑥ 　アジア主要国における国際会議の開催件数に占める割合：3割以上・アジア最大の開催国（2015年実績値：26.1%・アジア最大）

○国際相互交流の推進

⑦ 　日本人の海外旅行者数：2000万人（2015年実績値：1621万人）

【施策の柱】

新経済成長戦略：　観光の戦略としては、「観光立国・地域活性化戦略における21世紀日本の復興に向けた21の国家戦略プロジェクト（経済成長に特に貢献度が高いと考えられる施策）」として、「『訪日外国人3000万人プログラム』と『休暇取得の分散化』」が盛り込まれた。

施策の柱として次の4つの施策が挙げられた。

① 国際競争力の高い魅力ある観光地域の形成
② 観光産業の国際競争力の強化及び観光の振興に寄与する人材の育成
③ 国際観光の振興
④ 観光旅行の促進のための環境の整備

④ アクション・プログラム

アクション・プログラムは、観光ビジョン等を実現するための今後1年を目処とした行動計画であり、2018年に策定された「観光ビジョン実現プログラム2018」では、次の施策が打ち出されている。

・魅力ある公的施設・インフラの更なる公開・開放
・文化財の多言語解説の充実、VRの活用による魅力発信
・国立公園のナショナルパークとしてのブランド化の更なる展開
・ナイトタイム、ビーチの活用など新たな観光資源の開拓
・顔認証など最先端技術を活用した出入国の迅速化
・新幹線における無料Wi-Fi環境の整備など、世界水準の旅行サービスの実現
・欧米豪を中心とするグローバルキャンペーンの推進
・地域のDMO（観光地域づくりの舵取り役を担う法人等）の育成強化

⑤ 観光振興における支援事業と地域の段階

行政における各種支援事業を活用するにおいては、地域の観光に対する取組みのレベルに応じて導入することが大切である。政府における各種支援事業を地域の観光振興における取組み段階に応じて仕分けをしてみると、これから取り組もうとする地域（第一段階）においては、研修や人材派遣事業などの地域における観光についての普及・啓発を行うための事業の導入、これから具体化を図ろうとしている地域（第二段階）においては、主として計画策定のための支援事業やマーケティングに関する事業等の導入、具体的な取組みを実践しようとしている地域（第三段階）においては、具体的な地域の旅行形態に合わせた事業や宿泊や交通など個別事業等の導入、具体的に動いている地域（第四段階）においては、政府や周辺地域と一体となった事業や実践的な組織づくりのための事業等の導入などさまざまな段階に応じた事業支援がある（図表Ⅱ-2-4）。

地方公共団体においては、事業効果や成果の拡大を図るため国と連携した事業実施を行うことも多く必要なことであるが、地方公共団体としては、地域らしさを生み出す独自の事業実施を行うことも、地域資源の有効活用、地域の振興、そしてわが国の個性ある地域文化の提供による国際観光の推

Ⅱ　現代社会における観光のマネジメント

図表Ⅱ-2-4　支援事業と観光振興の取組み段階

支援の段階と観光への取組みの熟度	主な事業タイプ	課題	実施事業内容例
第一段階（これから取り組む段階）	普及啓発事業	・地域の強み弱みを分析して知恵を創出 ・観光地の魅力の把握や掘り起こし	・観光カリスマ塾 ・観光地域プロデューサー事業 ・外国人による一人歩き点検隊 ・訪日外国人受入れ接客研修 ・地域いきいき観光まちづくり100選 ・大学との連携事業等
第二段階（取り組み始めた段階）	基礎調査事業	・観光ビジョン・プランの立案 ・主体となるべき組織づくり	・観光地域づくり実践プラン ・観光統計の整備事業 ・地域観光マーケティング促進スキーム事業 ・観光圏整備実施計画等
第三段階（実現化に向けた取組み段階）	実証実験事業	・地域ぐるみでのトライアルの実施	・ニューツーリズム創出・流通促進事業 ・宿泊産業活性化のための実証実験事業 ・まちめぐりナビプロジェクト事業等
第四段階（成熟し始めた段階）	整備事業	・明確なターゲットと中長期ビジョンによる実施 ・地域の一体性と関係者の役割分担の確立による実施	・ビジット・ジャパン・キャンペーン事業 ・観光圏整備事業 ・観光地域づくりプラットホーム事業 ・観光地域ブランド確立支援事業等

出典：観光庁資料を基礎に事業追加等より筆者作成

進にとっても大切なこととなる。

6　政府における主な観光振興事業

　政府において行われる主な観光振興事業（観光庁事業）の現状は、次の通りである（2018年度時点）。

1）観光地域づくり事業

　国・地方公共団体・民間事業者等が連携し、訪日外国人旅行者の訪問を促進するとともに、満足度を高め、リピーターの増加を図ることを目指し、国際競争力の高い魅力ある観光地域づくりを推進するため、次の事業を実施している。

　（1）　日本型DMO事業　　観光庁は①地域の取組み目標となる水準の提示による日本版DMOの形成・確立の促進、②関係省庁が日本版DMOの形成・確立を目指す地域の情報を共有することによる支援の重点化、③日本版DMO候補法人の間の適切な連携をうながすことで各法人間の役割分担がされた効率的な観光地域づくり等を実現するため、日本版DMOおよび日本版DMO候補法人の登録を行っている（登録の区分や現状に関してはⅡ部1章を参照）。

　（2）　観光圏整備事業　　2008年に制定された「観光圏の整備による観

光旅客の来訪及び滞在の促進に関する法律（観光圏整備法）」に基づき、各種法律の特例などにより**観光圏**の形成を支援し、国際競争力の高い魅力ある観光地域づくりを推進する。

観光圏により作成された観光圏整備実施計画が認定されることにより、旅行業法の特例、農山漁村活性化プロジェクト支援交付金の交付、共通乗車船券の法的手続きの簡素化、認定観光圏案内所の名称使用、国際観光ホテル整備法の特例など、さまざまな特例制度による支援を受けることができる。観光圏整備実施計画は、2014 年に 4 地域、2015 年に 3 地域、2018 年に 6 地域が認定されている。

（3）　広域観光周遊ルート形成促進事業　　複数の都道府県に跨って、テーマ性・ストーリー性を持った一連の魅力ある観光地を、交通アクセスも含めてネットワーク化して、外国人旅行者の滞在日数（平均 6 日～7 日）に見合った、訪日を強く動機づける「広域観光周遊ルート」（骨太な「観光動線」）の形成を促進し、海外へ積極的に発信する。2015 年に 7 件、2016 年に 4 件が地域からの申請に基づき認定されている。

（4）　広域周遊観光促進のための観光地域支援事業　　訪日外国人旅行者等の各地域への周遊を促進するため、DMO が中心となり、滞在コンテンツの充実、広域周遊観光促進のための環境整備、情報発信といった地域の関係者が広域に連携して観光客の来訪・滞在促進を図る取組みに対して総合的な支援を行う。

補助対象事業としては、各 DMO により策定された事業計画のうち外国人旅行者の誘致を目的とする、調査・戦略策定、滞在コンテンツの充実、広域周遊観光促進のための環境整備、情報発信・プロモーションの各事業が対象となっている。

（5）　観光ビッグデータを活用した観光振興　　情報通信技術を利活用した観光振興策について、来訪者の観光行動（旅行前、旅行中、旅行後）に即した形でサービスの内容の調査を行ったうえで、サービスごとの特性を整理し、観光地域づくりに取り組む地域の問題意識や来訪者のニーズに応じて、地域関係者が利活用できるサービスを提示する調査を行っている。また、訪日外国人を誘致する観点から、訪日外国人の旅行形態および潜在的なニーズを把握するため、各地における ICT を活用した観光施策の検討に際しての手引き書として「GPS 活用による位置情報等を活用した観光行動の調査分析報告書（2013 年度）」「情報通信技術を活用した観光振興策に関する調査業務報告書（2014 年度）」「ICT を活用した訪日外国人観光動態調査報告書（2015 年度）」などをとりまとめている。

（6）　テーマ別観光による地方誘客事業　　国内外の観光客に新たな地域への来訪動機を与え、地方誘客を図ることを目的した事業である。2016

観光圏：　自然・歴史・文化等において密接な関係のある観光地を一体とした区域であって、区域内の関係者が連携し、地域の幅広い観光資源を活用して、観光客が滞在・周遊できる魅力ある観光地域づくりを促進する圏域。

年度より実施されている。

本事業は、酒蔵、食、文化財、ロケ地等の特定の観光資源を観光に活用している地方公共団体、観光協会、旅行社および関係団体等の関係者から構成される複数地域によるネットワークを対象として、観光客のニーズや満足度を調査するためのアンケートやモニターツアーの実施、これら調査結果等を踏まえた観光客の受入れ体制強化や共通マニュアルの作成、情報発信の強化、シンポジウム開催によるネットワークの拡大等の取組みを支援することで、観光資源の磨き上げを行い、地方誘客を図ることを目的としている。2018年には、エコツーリズム、街道観光、酒蔵ツーリズム、社寺観光、ロケツーリズム、アニメツーリズム、忍者ツーリズム、百年料亭など17テーマが支援対象となっている。

（7）　**スノーリゾート地域の活性化に向けて**　「スノーリゾート地域の活性化に向けた検討会」を設置し、国内外のスノーリゾート地域やスノースポーツ人口、スノースポーツ競技の現状および課題について幅広く調査・分析し、スノーリゾート地域の活性化に向けて、今後の方向性、アクション・プログラムの策定、モデル事業の実施およびその成果の展開等の推進方策等について検討する。

（8）　**観光地域づくり事例集**　日本各地で、熱意と創意工夫による魅力的な観光地域づくりが行われており、このような地域の取組みの一部を紹介し、観光地づくりに取り組む人々へ広く参考となるよう継続的に事例集が作成されているが、2018年には「観光地域づくり事例集〜グッドプラクティス2018〜」がとりまとめられた。

本事例集では、組織形成の強化、特定のテーマに重点を置いた観光振興、地域資源の活用、インフラの整備と活用、地域の魅力発信、災害からの観光復興の6つのテーマの事例が掲載されている。

（9）　**観光立国ショーケース**　観光立国ショーケースは、「日本再興戦略　改訂2015」（2015年6月30日閣議決定）に基づき、多くの外国人旅行者に選ばれる観光立国を体現する観光地域をつくり、訪日外国人旅行者を地方へ誘客するモデルケースを形成しようとする事業である。

各自治体からの申請を受け、2016年1月「観光立国ショーケース」として、北海道釧路市、石川県金沢市および長崎県長崎市の3都市が選定され、3都市において訪日外国人旅行者の地方への誘客のモデルケースを形成するための実施計画が策定される。

2）国際観光関連事業

海外との観光交流を促進するための事業である。

（1）　**訪日旅行促進事業**（訪日プロモーション）　東京オリンピック・パラリンピック開催で高まる日本への注目を最大限に活用するため、プロモ

ーション方針を 2018 年から 2020 年までの 3 カ年として実施する。3 年方針期間中（2018 ～ 2020 年度）は、外部コンサルタントを活用した戦略の見直しやマーケット調査結果等を踏まえ、適宜、本方針の見直しを行う。

2020 年訪日外国人旅行者数 4000 万人、訪日外国人旅行消費額 8 兆円等の目標達成のためには、訪日旅行者全体の約 8 割を占めるアジアのみならず、海外旅行市場の大きさに対して訪日旅行者数が十分に大きいとはいえない欧米豪をはじめ、訪日インバウンドの成長が見込まれる全世界の市場からの誘客を実現していくことが必要である。そのため次の訪日プロモーションの方針を定めている。

① 訪日旅行の認知度が高いアジア市場と低い欧米豪市場の違いを考慮し、**重点 20 市場**において、個別の市場特性を踏まえてターゲット別に課題・対応策を定め、プロモーションの戦略性を向上させる。

・アジアにおいて、拡大するリピーター層の更なる取り込み、多様化する個人旅行ニーズ、未訪日層への対応を強化する。

・欧米豪を中心に、新規需要開拓のため、「長期の海外旅行には頻繁に行くが日本を旅行先として認知・意識していない層（訪日無関心層）」に対し、デジタルマーケティング技術を駆使して訪日旅行への関心・意欲を効果的に高めるプロモーションを推進する（訪日グローバルキャンペーンの本格実施）。

・欧米豪において、外部コンサルタントを活用し市場調査等を分析した上でターゲット及び訴求コンテンツ等を見直し、特に訪日無関心層の誘客をより確実にするなどプロモーションの高度化を推進する。

② デジタルマーケティングを最大限活用し、ビッグデータ分析を通じた市場動向把握・プロモーションの高度化を目指す。

③ 訪日旅行消費の拡大に向けて、高所得者層誘客や長期滞在者誘客を目的としたプロモーションを強化する。

④ 航空便・クルーズ船の新規路線誘致等を促進するための取組みを推進する。

⑤ 自治体等との連携等による多様な魅力の発信により、地方への誘客を強力に促進する。

⑥ 閑散期対策など、年間を通じた訪日需要を創出する。

(2) MICE の開催・誘致の促進 2013 年 6 月 14 日に閣議決定された「日本再興戦略―JAPAN is BACK」において、「2030 年にはアジア No.1 の国際会議開催国として不動の地位を築く」という目標が掲げられ、**MICE** が位置づけられた。また、MICE 国際競争力強化委員会により「我が国の MICE 国際競争力の強化に向けて～アジア No.1 の国際会議開催国として不動の地位を築く～」がまとめられ、それに基づき事業展開が図ら

重点 20 市場： 韓国、台湾、中国、アメリカ、香港、イギリス、フランス、ドイツ、オーストラリア、カナダ、シンガポール、タイ、マレーシア、インドネシア、フィリピン、ベトナム、インド、イタリア、スペイン、ロシアの 20 カ国。

MICE： 会議（Meeting）、報奨・研修旅行（Incentive Travel）、国際会議（Convention/Congress）、展示会・見本市、イベント（Exhibition/Event）の頭文字で、多くの集客交流が見込まれるビジネスイベントなどの総称。

れる。

　また、2013 年、グローバル MICE 戦略・強化都市（現・グローバル MICE 都市）として 7 都市（東京、横浜市、愛知県名古屋市、京都市、大阪府大阪市、神戸市、福岡市）、また、2015 年には、「グローバル MICE 強化都市」として 5 都市（札幌市、仙台市、千葉県千葉市、広島市、北九州市）を選定し、これらの都市に対し、国として支援する。

　MICE が開催されるのに合わせた文化施設や公的空間等を利用したレセプション等の開催においては、わが国の**ユニークベニュー**の開発・利用促進を図る。2014 年のツーリズム EXPO ジャパンのレセプションは、国立博物館の前庭で行われた。また、MICE を戦略的に誘致するため、産業界や学術分野において国内外に対し発信力やネットワークを有する人々を日本の「MICE アンバサダー」として委嘱する「MICE アンバサダープログラム」を 2013 年から実施している。

（3）　国際機関等への協力・二国間の観光交流事業　　観光における国際機関等への協力を通じた国際観光の促進や二国間の双方向の観光交流（ツーウェイツーリズム）の促進のための事業である。

　アウトバウンドの促進によるツーウェイツーリズムの拡大は、「日本人の国際感覚の向上」「国民の国際相互理解の増進」「インバウンド拡大への貢献」といった成果が期待されるため、官民一体となった次のような事業を実施している。

　・日越観光協力委員会・日中韓観光大臣会合のような政府間のハイレベルでの政策対話
　・日中観光文化交流団のような官民ミッション派遣
　・ツーリズム EXPO ジャパンのような民間による旅行博等の支援

（4）　通訳ガイド制度　　2018 年 1 月 4 日、改正通訳案内士法が施行され、通訳案内士の名称が**全国通訳案内士**となるほか、通訳案内士の業務独占規制が廃止され、資格を有さない人でも、有償で通訳案内業務を行えるようになるなど、通訳案内士制度が大きく変わった。主な改正の内容は次の通りである。

①　業務独占規制の廃止・名称独占規制のみ存続　　業務独占資格から名称独占資格へと見直され、幅広い主体による通訳ガイドが可能になる。

②　地域通訳案内士制度の全国展開　　これまでの各特例法に基づき導入されていた各地域特例ガイドについて、通訳案内士法の本則に位置づけられ、新たに「地域通訳案内士」制度として全国展開される。これまでの「地域限定通訳案内士」と「地域特例通訳案内士」は「地域通訳案内士」とみなされる。

ユニークベニュー：　歴史的建造物や公的空間等で、会議・レセプションを開催することで特別感や地域特性を演出できる会場。

全国通訳案内士：　全国通訳案内士は、通訳案内士法において「報酬を得て、通訳案内（外国人に付き添い、外国語を用いて、旅行に関する案内をすることをいう。）を業とする。」とされている。全国通訳案内士は国家試験に合格した人であって、高度な外国語能力や日本全国の歴史・地理・文化等の観光に関する質の高い知識を有する者であり、「全国通訳案内士」として都道府県の登録を受けた人。

③　全国通訳案内士試験の試験科目の見直し、既有資格者に対する観光庁研修の実施　全国通訳案内士試験の筆記科目について、新たに「通訳案内の実務」にかかる科目が追加される。

④　全国通訳案内士に対して登録研修機関研修受講の義務づけ　全国通訳案内士には、旅程管理の実務や災害時の対応等の通訳案内士が実務において求められる知識について、5年ごとに登録研修機関が行う定期的な研修「登録研修機関研修」を受講することが義務づけられる。

（5）　**訪日外国人旅行者の受入れ環境整備**　2016年3月に策定された新たな観光ビジョン「明日の日本を支える観光ビジョン」において盛り込まれた受入れ体制に関する施策について、訪日外国人旅行者がストレスなく、快適に観光を満喫できる環境整備に向け、政府一丸となって対応を図る。

そのため訪日外国人旅行者受入環境整備緊急対策事業を実施する。本事業では訪日外国人旅行者数4000万人、6000万人の実現に向けて、滞在時の快適性および観光地の魅力向上ならびに観光地までの移動円滑化等を図るため、「宿泊施設インバウンド対応支援事業」「交通サービスインバウンド対応支援事業」「地方での消費拡大に向けたインバウンド対応支援事業」を対象として補助金の交付をすることにより、訪日外国人旅行者の受入れ環境整備を行うための緊急対策を促進することを目的としている。

その他、観光立国実現に向けた多言語対応の改善・強化、無料公衆無線LAN整備促進のための協議会の設置、ムスリム対応に関する取組み、訪日ムスリム外国人旅行者受入れ環境整備等の促進（2015年12月に実施3地域を選定）などの事業を実施している。

3）観 光 産 業

観光産業の健全な育成や旅行者ニーズに合った観光産業の高度化を目指すための事業である。

（1）　**住宅宿泊の管理・促進**　民泊サービスの急速な普及、多様化する宿泊ニーズ等への対応、公衆衛生の確保や地域住民等とのトラブル防止、無許可で旅館業を営む違法など民泊への対応等を図るため、2017年6月16日、「住宅宿泊事業法」が公布された。この法律は、住宅宿泊事業を行う者の届出制度や、住宅宿泊管理業や住宅宿泊仲介業を営む者の登録制度を設けることにより、業務の適正な運営を推進するとともに、国内外からの観光旅客の宿泊に対する需要への的確な対応等を図ることを目的として制定された。

（2）　**旅行業法の観光圏内限定旅行事業**　旅行業の特例である観光圏内限定旅行業者代理業では、国土交通大臣の認定を受けた観光圏内の滞在促進地区内の宿泊業者が、観光圏内での宿泊者の旅行について旅行業者代

理業を営むことができる。

　（3）　**若者旅行の振興**　　若者層に焦点を当て、その意識・行動や旅行に対する認識・取組み等の実態を把握し、当該対象層に対する施策を検討するため「将来的な商品化に向けた観光資源磨きのモデル調査事業（2013年）」を実施した。若者の旅への視野を広げることを目的に、大学等での授業として「若旅★授業」を実施した。

　その他の産業育成事業としては、旅行業法の登録等の実施、第三種旅行業務の範囲の拡大、登録ホテル・旅館等の情報提供の促進、観光教育の普及、宿泊施設を核とした地域の活性化促進、**ユニバーサルツーリズム**の推進等を実施している。

4）休暇取得の促進

　新たな需要を掘り起こし、交流人口の拡大による地域の活性化を図るために、休暇取得の促進を進める。

　（1）　**「ポジティブ・オフ」運動**　　**「ポジティブ・オフ」運動**（2011年〜）を推進することにより、休暇を前向きにとらえ、将来に向けて、休暇を楽しむライフスタイルやワーク・ライフ・バランスの実現などの「ライフスタイル・イノベーション」につなげていくことを目指すため、企業等と連携してその実施を促進する。

　（2）　**家族の時間づくりプロジェクト**　　「家庭の時間づくりプロジェクト」（2010年〜）においては、地域ぐるみの「家族の時間づくり」を目的として、各地域の協力のもと、大人（企業）と子ども（学校）の休みのマッチングを行う実証事業がある。「家族の時間」がもたらす教育的・社会的効果を明らかにするとともに、取組み課題とその改善方策の検証を行い、同様の取組み実施を広く働きかけることを目指す。

　その他人材育成事業として、観光カリスマの紹介・活用、VISIT JAPAN大使の任命、観光マネジメント人材育成、地域の観光産業を担う中核人材育成講座、児童・生徒によるボランティアガイド、訪日外国人旅行者向けボランティアガイド紹介などの事業が行われている。

ユニバーサルツーリズム：　すべての人が楽しめるようつくられた旅行であり、高齢や障がいなどの有無にかかわらず、誰もが気兼ねなく参加できる旅行。

「ポジティブ・オフ」運動：　休暇を取得して外出や旅行を楽しむことを積極的に促進し、「休暇（オフ）」を「前向き（ポジティブ）」にとらえて楽しむことを趣旨とした運動。

2　観光の諸政策

―― Check ――

☐　観光行政と観光関係団体との関係はどのようになっていますか。

☐　観光行政が総合行政といわれるのは、どのような理由からですか。

☐　観光行政において住民への効果が目的となるのはなぜですか。

☐　1975年前後に一部行政から観光が姿を消したのはなぜですか。

☐　観光立国推進基本法は何のために制定されたのですか。

☐　観光立国推進基本計画は、なぜ策定されるのですか。また、なぜ重要なのですか。

☐　日本版DMOとはどのような役割を持つ組織ですか。

☐　観光立国推進基本計画で定められた目標値は何ですか。

☐　国と地方公共団体における観光振興事業のあり方や役割の違いは何ですか。

☐　訪日プロモーション事業はどのような内容の事業ですか。

（古賀学）

コラム 3

MICE とビジネス

　政府は、2013 年に閣議決定された「日本再興戦略—JAPAN is BACK」において、「2030 年にはアジア NO.1 の国際会議開催国としての不動の地位を築く」という目標を掲げている。合わせて、2020 年の東京オリンピック・パラリンピックの開催が決まり、日本経済の活性化策として、今、MICE に注目が集まっている。

　MICE とは、それぞれ、M ⇒ Meeting（ミーティング／主に企業が開催する会議）、I ⇒ Incentive（インセンティブツアー／主に企業が実施する報奨・研修旅行）、C ⇒ Convention・Congress（コンベンション・コングレス／政府および関係団体、学術団体、協会、産業団体が開催する大型の会議）、E ⇒ Exhibition（エキジビション／展示会、トレードショー、見本市、博覧会）を指す。MICE は、訪問者が消費する飲食・宿泊・会議場・交通インフラ・物品購入などの商品・サービスの総額が経済波及効果として数値化され、それらが一般的な観光客以上に高額であると考えられることから、開催地域への経済効果を生み出すことが期待される。

　本稿では、ICCA による、国際会議の開催状況の統計データから、日本の MICE マーケットを考察する。

　2017 年に世界で開催された国際会議は、1 万 2563 件で直近の 10 年間で 19.6% の増加を示した。同様に日本では、414 件の国際会議が開催され同じく 10 年間で 22.8% の増加となった。大陸別では、ヨーロッパが圧倒的な開催実績（全世界の 53.9%）を誇り、アジア（18.1%）、北米（11.9%）が続いている。国別では、アメリカが 1 位（941 件）で、以降、2 位ドイツ（682 件）、3 位イギリス（592 件）、4 位スペイン（564 件）、5 位イタリア（515 件）、6 位フランス（506 件）、そして、7 位に日本（414 件）が続き、8 位には中国（376 件）が控えている。国内に視点を移すと、ダントツの 1 位は東京（101 件）で、以降、2 位京都（46 件）、3 位名古屋（25 件）、4 位札幌（24 件）、5 位大阪（17 件）、6 位福岡（17 件）、7 位横浜（16 件）と続く。

　日本は、アジアの開催実績では、昨年中国に同件数で 1 位に並ばれたものの、本年は 38 件の差をつけて、再び単独 1 位を確保し、一定の存在感を示している。しかし、都市別に見ると 1 位の東京ですら世界都市別ランキングでは 18 位であり、以降、京都 50 位、名古屋 104 位、札幌 108 位、大阪 156 位と、世界を視野に入れるポジションを確保できていない現実がある。裏を返せば、アジア 1 位の実績を全国の 20 を超える市町村で、分散しながら特徴のある国際会議の開催に成功しているものと思われる。さらに今後に関しては、国・自治体等の積極的な推進施策に応じて、弱点と思われていた大型会議・展示会施設の整備も多数行われており、これらの運営人材の育成を急ぐことで、より一層の高いレベルへの飛躍が望まれる。

（関口陽介）

Ⅲ 部

主要な観光事業

1　鉄道事業

1　鉄道事業とは

1）鉄道事業の意義

　鉄道事業とは、鉄道により旅客もしくは貨物の運送を行う事業、または鉄道線路を敷設する事業をいう。鉄道事業を経営しようとする者は、国土交通大臣の免許を受けなければならないものとされる。免許を受けた者は一定の期限までに国土交通大臣に工事の施行の認可を申請して、その認可を受けて鉄道線路の敷設工事を行う。工事が完成した後は、国土交通大臣の検査を受けて事業を開始する。

　鉄道事業に関する事項は、**鉄道事業法**およびこれに基づく命令によって規定されているが、**軌道事業**（写真Ⅲ-1-1）については、軌道法およびこれに基づく命令によって規定されており、**索道事業**（写真Ⅲ-1-2）については、鉄道事業法内に鉄道事業と区別して索道事業として規定されている。

　鉄道事業法が適用される鉄道の種類としては、①普通鉄道、②懸垂式鉄道、③跨座式鉄道、④案内軌条式鉄道、⑤無軌条電車、⑥鋼索鉄道、⑦浮上式鉄道等が挙げられる。

2）鉄道事業の種類

　従来の鉄道事業は、鉄道事業の経営と鉄道線路の敷設は同一経営主体が行うことを前提としていたが、国鉄の分割民営化に伴い制定された鉄道事業法においては、運送営業事業と鉄道線路の敷設事業を分離して、下記の3種に鉄道事業を区分した。

　①　第一種鉄道事業：　他人の需要に応じ、鉄道（軌道およびこれに準ずべきものを除く）による旅客または貨物の運送を行う事業であって、第

鉄道事業法：　1986年12月4日に公布された日本の鉄道事業を一元的に規定する法律。旧国鉄の分割民営化に伴い、従前の日本国有鉄道法・地方鉄道法・索道規則等の廃止に伴って制定された。

軌道事業：　道路に敷設される鉄道を利用して、旅客または貨物の運送を行う運輸事業をいい、軌道法が適用される。従来は、主に路面電車を対象としてきたが、近年では、モノレール、新交通システム、地下鉄等にも適用例がある。

索道事業：　索道とは、索条（空中に渡したロープ）に吊り下げられた輸送機器に人や貨物を乗せ、輸送を行う交通機関をいう。ロープウェイ・ゴンドラリフトなどが索道にあたり、他人の需要に応じて、索道による旅客または貨物の運送を行う事業を索道事業という。

写真Ⅲ-1-1　軌道（伊予鉄道）

写真Ⅲ-1-2　索道（弥彦山ロープウェイ）

二種鉄道事業以外の事業。

② 第二種鉄道事業： 他人の需要に応じ、他人が所有する鉄道線路を使用して、鉄道による旅客または貨物の運送を行う事業。

③ 第三種鉄道事業： 第一種鉄道事業者に譲渡するための鉄道線路の敷設および第二種鉄道事業者にもっぱら使用させる鉄道線路を敷設する事業。

鉄道事業法がこのように鉄道事業を区分したのは、運送営業を行う事業と線路の敷設を行う事業を分離することにより、資本の投下を容易にするとともに、国鉄の分割民営化により、他人が所有する線路を使用して運送営業を行う事業が行われることに対応したものである。

② 鉄道事業の歴史

1）欧米諸国における交通機関の発達

輸送手段の動力は、古くは、牛・馬・人などの動物や風力等の自然の力であったが、これらは大量の人や物を反復継続して運搬するためには、動力として非力であり、またこれらの動力は天候や体調などに影響されることから、運輸手段としての安定性を著しく欠いていた。

18世紀ごろから始まった産業革命は、陸上や海上における運輸手段としての交通の発達に大きく寄与した。これは、産業革命を契機として、現在の運輸手段の基盤となっている交通機関が次々と発明されたことによる。

自動車の前進である蒸気自動車は1770年ごろに発明されたとされている。また、1783年にはフランスのジュフロワ・ダバンにより蒸気船が発明され、1804年にはイギリスのリチャード・トレビシックにより蒸気機関車が発明された。これらの発明の基盤となったのは、ジェームズ・ワットにより開発された蒸気機関であった。

その後、1825年にイギリスの**ジョージ・スチーブンソン**が蒸気機関車を、1809年にアメリカのロバート・フルトンが蒸気船を、各々商業ベースで使用に耐え得るものを開発したことにより、本格的な鉄道・海上運送事業が誕生した。

以後、鉄道・海上運送事業は急速に発達し、鉄道路線網と海上運送網は全世界へと拡大していく。鉄道路線網はイギリスのストックトン─ダーリントン間で鉄道の運行が開始されたのを皮切りにヨーロッパ全土に広がり、アメリカ大陸では中部山岳地帯や西海岸への開拓を進める大きな原動力となった。海上運送でも商業目的・軍用目的の船舶が開発され、全世界への航路が飛躍的に拡大した。

2）日本における鉄道事業の成立

わが国で初めて鉄道が営業を開始したのは、新橋─横浜間においてであ

ジョージ・スチーブンソン（George Stephenson, 1781-1848）： イギリスの土木技術者、機械技術者である。蒸気機関車を使った公共鉄道の実用化に成功した功績を讃えて「鉄道の父」と呼ばれている。彼が採用した1435mmという軌間は「スチーブンソンゲージ」と呼ばれ、世界中の標準軌とされている。

Ⅲ　主要な観光事業

るが、鉄道の建設に当たっては、イギリスの助力を得ている。イギリス側では技師長のエドモンド・モレルが、日本側では鉱山頭兼鉄道頭に就任した**井上勝**が尽力し、1872年9月12日（新暦の10月14日）に営業を開業した。

　道路も未整備、自動車も普及していなかった明治時代にあって、鉄道はまさに国内交通機関の主軸となり、各地にその路線を拡げていくこととなる。鉄道路線網を全国展開するに当たっては、日本の地形が山岳地帯であることを考慮して、線路の幅を欧米などで使用されている標準軌の1435mmではなく、狭軌の1067mmを採用した。狭軌は曲線が多い山岳地帯に適しているとされており、これによって安価かつ早期に鉄道建設を進めることができ、当時としては賢明な策とされた。しかし、これによってスピード、馬力の両面で標準軌に劣ることになるばかりか、曲線と勾配が非常に多くなったことから、日本における鉄道の高速性と運輸力における課題は長く残ることになった。

　その後、わが国最初の民間鉄道である「日本鉄道会社」が1883年に上野―熊谷間で開業し、これを契機として全国各地に次々と民間による鉄道が敷設され、鉄道興隆時代を迎えることになる。しかし、関東大震災を契機に自動車（バス）が国内交通に本格的に参入する一方で、昭和初期の不況による輸送需要減も要因となり、鉄道は厳しい市場競争に直面することになる。

　昭和10年代からの戦時体制下で再び鉄道のニーズは増大するが、資材不足・戦災などで厳しい対応を迫られる。1945年の敗戦後は復興の主役として再び鉄道に大きい期待がかけられ、1955年ごろまでには復興を完了して戦後の鉄道最盛期を迎える。

　経済成長時代に入ると鉄道の輸送需給が行き詰まり、その解決策として導入された東海道新幹線が日本の鉄道に新時代をもたらす。しかしこのころから国内の道路整備が急速に進むとともに、自家用車の普及が進み、国内航空も急速にそのシェアを拡大したことにより、鉄道需要は伸び悩むことになる。

　その後、国鉄の経営が悪化し、私鉄も地方私鉄の撤退が相次ぐなど輸送構造が変化し、鉄道はそのシェアを急速に後退させ、都市圏と中距離都市間輸送をその特性分野として特化していくことになる。そして現在、エネルギー問題・環境問題の深刻化から鉄道への期待が高まるなか、時代のニーズに合った鉄道事業の構築を目標として、鉄道事業者がその経営構造の改革等に取り組みつつあるのがわが国の鉄道事業の現状である（図表Ⅲ-1-1）。

井上勝（1843-1910）：　幕末から明治時代にかけて活躍した武士（長州藩士）、官僚。イギリスで鉄道について学んだ後、初代鉄道頭となり、わが国初の新橋―横浜間の鉄道の建設に当たった。以後、鉄道局の長官に就任するなど鉄道の発展に寄与し、「日本の鉄道の父」と呼ばれる。

図表Ⅲ-1-1　各鉄道事業者の営業係数（2011 年度）

	鉄道事業 売上高（百万円）	鉄道事業 営業費（百万円）	鉄道事業 営業利益（百万円）	営業係数
JR 東海	1,175,670	833,227	342,442	70.9
相模鉄道	32,583	24,889	8,186	76.4
阪急電鉄	97,654	77,177	20,958	79.0
東京地下鉄	320,586	254,113	74,224	79.3
西武鉄道	99,479	80,651	20,664	81.1
東京急行電鉄	147,172	121,306	27,602	82.4
近畿日本鉄道	152,935	129,832	26,706	84.9
南海電気鉄道	54,210	46,166	8,948	85.2
小田急電鉄	113,645	96,955	17,351	85.3
JR 東日本	1,752,250	1,497,161	255,088	85.4
西日本鉄道	22,129	19,272	3,016	87.1
阪神電気鉄道	32,591	28,406	4,185	87.2
京浜急行電鉄	76,955	67,591	10,656	87.8
名古屋鉄道	83,366	73,361	8,923	88.0
京阪電気鉄道	52,821	47,164	6,120	89.3
京成電鉄	55,629	50,028	5,945	89.9
東武鉄道	152,792	137,810	17,656	90.2
京王電鉄	79,901	72,196	8,675	90.4
JR 西日本	838,886	762,649	76,236	90.9
JR 貨物	133,068	140,320	▲ 7,252	105.4
JR 九州	159,996	170,468	▲ 10,471	106.5
JR 四国	26,587	36,352	▲ 9,764	136.7
JR 北海道	75,765	109,213	▲ 33,448	144.1

出典：『徹底解析!! 最新鉄道ビジネス 2013』洋泉社、21 頁

③　JR と私鉄

　わが国の鉄道事業者は、日本国有鉄道の分割民営化により発足した、北海道旅客鉄道・東日本旅客鉄道・東海旅客鉄道・西日本旅客鉄道・四国旅客鉄道・九州旅客鉄道・日本貨物鉄道をはじめとする鉄道会社から構成される JR（Japan Railways：以下、JR）と民間企業が経営する私設鉄道（以下、私鉄）に大別することができる。

1）JR

　わが国においては、1972 年の鉄道開業以来、国営鉄道と民営鉄道とが存在していたが、1906 年に制定された**鉄道国有法**により、民営鉄道が国有化された。これにより、日本の幹線鉄道の大半を政府が保有し、鉄道省が管轄することになった。

　戦後になり、1949 年に制定された**日本国有鉄道法**に基づき、公共企業体として鉄道事業を運営する組織として「日本国有鉄道」が誕生した。こ

鉄道国有法：　1906 年に公布された全国的な鉄道網を官設鉄道に一元化することを目的として、私鉄を国有化することを定めた法律。この法律により、主要路線を持つ民間 17 社（約 4500km）を買い上げて国有化することが可能になった。国鉄の分割民営化により、1987 年 4 月 1 日に廃止された。

日本国有鉄道法：　1948 年に交付された日本国有鉄道の組織・運営について定めた法律。私鉄については、「地方鉄道法」に基づいて運営が行われていたが、国鉄の分割民営化に伴い、両法に代わり、「鉄道事業法」が制定された。

の組織は国有ではなく独立採算制を採用しており、政府の関与はあったが政府組織とは一線を画するものであった。しかし、1964年以降赤字経営を続けたことにより、巨額の債務を生じる結果となり、これを要因として1987年4月1日に分割民営化されることになった。これにより、鉄道国有法は廃止され、新たに制定された日本国有鉄道改革法等施行法に基づき、6つの各旅客鉄道会社と1つの貨物鉄道会社が発足し、残された巨額の債務は国鉄清算事業団に引き継がれることになった。

JRの営業路線は、新幹線と在来線に大別される。新幹線（写真Ⅲ-1-3）は1970年に制定された全国新幹線鉄道整備法第2条によって「主たる区間を時速200km以上で走行可能な幹線鉄道」と定義され、全線専用軌道を保有したフル規格と呼ばれる線（北海道新幹線、東海道新幹線、東北新幹線、上越新幹線、北陸新幹線、山陽新幹線、九州新幹線）と、在来線との共有路線を走る線（山形新幹線、秋田新幹線）に分けられる。これに対して、在来線は新幹線が開業した際に定義づけられた語で、「全国新幹線鉄道整備法」に該当しない従来の路線として定義づけられている。

JRは基幹事業である鉄道だけでなく、系列会社として観光・旅行業、駅ビルテナント業、飲食・販売業、広告代理業、運送・物流業のほか、文化的な事業にも乗り出し、多角化事業を展開している。最近脚光を浴びているのは駅ナカビジネスであり、主要駅だけでなく一般駅にも普及の度合いを深めている。また、JR東日本系の**鉄道博物館**（2007年、写真Ⅲ-1-4）、JR東海系のリニア・鉄道館（2011年）、JR西日本系の京都鉄道博物館（2016年）などを開業して、鉄道文化の普及、啓蒙活動などにも積極的に取り組んでいる。

また、JR東日本は、2020年春に山手線の品川〜田町間に「高輪ゲートウェイ駅」の開業を予定している。2015年に開業した上野東京ラインは、単なる利便性向上のための新路線ではなく、品川車両基地を都市再開発スペースに転ずることが大きな目的であった。この品川車両基地で都市づくりが行われ、高輪ゲートウェイ駅はその先鞭をつけるものとして位置づけ

鉄道博物館： 東日本旅客鉄道株式会社（JR東日本）の創立20周年記念事業のメインプロジェクトとして、2007年10月14日に、埼玉県さいたま市に開館した。交通博物館に替わる施設として、公益財団法人東日本鉄道文化財団が運営している。

写真Ⅲ-1-3　新　幹　線

写真Ⅲ-1-4　鉄道博物館

られる。近年、各鉄道会社は、少子化に伴う輸送需要の先細りを受け、新たなビジネスモデルの構築を迫られているが、JR東日本にとって、品川駅周辺再開発は新たなビジネスモデルを示すものであり、鉄道と都市開発の関係に新しい可能性をもたらすものといえる。

2）私　　鉄

　私鉄とは民間企業が鉄道を保有する、民営（私設）鉄道を指す。わが国における民営鉄道は、1881年に日本鉄道会社が創立されたのが始まりである。日本鉄道会社は1883年に上野―熊谷間を開通させたのを皮切りに、現在のJR東日本の幹線部分の大半を開通させた。その後の鉄道国有法施行により、日本鉄道会社をはじめ1906年当時開業していた民営鉄道の大半が国有化された。その後、大都市圏近郊や地方都市、軽便鉄道などが私的な鉄道保有会社として発足し、これらが後に私鉄と称されるようになる。

　私鉄は大手私鉄、準大手私鉄、中小私鉄とに大別されるが、3つを大別する明確な基準は存在していない。

　大手私鉄は資本金、営業キロ、輸送人員などの経営規模が大きく、首都圏、京阪神、中京、福岡周辺の通勤・通学輸送が主たる目的となっている。また、沿線に観光地を控えている線も多い。東武鉄道、西武鉄道、京成電鉄、小田急電鉄、京王電鉄、東京急行電鉄、京浜急行電鉄、東京地下鉄、相模鉄道、名古屋鉄道、近畿日本鉄道、阪急電鉄、京阪電鉄、阪神電鉄、南海電鉄、西日本鉄道の日本民営鉄道協会に加盟する16社が大手私鉄とされ、沿線の不動産開発を中心に、百貨店・大型小売業、観光・旅行業、駅ビルテナント業、飲食・販売業、広告代理業、運送・物流業、文化的事業など多角的に事業を展開している。

　最近では、東武鉄道の**東京スカイツリー**（写真Ⅲ-1-5）、東京急行電鉄の**渋谷ヒカリエ**（写真Ⅲ-1-6）、近畿日本鉄道の**あべのハルカス**などは大きな話題を呼ぶとともに、各社の営業戦略の重要な位置を占めている。

東京スカイツリー：　東京都墨田区に建築された、高さ634mの地上デジタル放送用タワー。自立式電波塔としては世界一の高さであり、2011年11月17日にはギネスワールドレコーズ社より、世界一高いタワーとして認定された。足元には、商業施設「東京ソラマチ」などを内包する街区「東京スカイツリータウン」が広がる。事業主体は、東武鉄道が中心に出資する東武タワースカイツリー株式会社で、2012年5月22日に開業した。

渋谷ヒカリエ：　渋谷駅東口前に所在していた東急文化会館の跡地に建設された複合商業施設である。地上34階、地下4階の高層複合施設で「オフィス」「商業」「劇場」「イベントホール」「クリエイティブスペース」の5つの用途から構成されており、2012年4月26日にオープンした。渋谷における情報・文化の発信拠点として、渋谷の新たなランドマークとなることが期待されている。

あべのハルカス：　近畿日本鉄道がデベロッパーとなり、大阪市阿倍野区に建築した超高層複合ビルである。日本で最も高い超高層ビルであると同時に、日本初の「スーパートール」（高層ビル・都市居住協議会〔CTBUH〕の基準による300m以上の超高層建築物）である。高さは300mで、日本国内の構造物としては、東京スカイツリー（634m）、東京タワー（332.6m）に次ぐ3番目の高さである。地上60階、地下5階、延面積約30万㎡で、2014年3月7日全面開業した。

写真Ⅲ-1-6　渋谷ヒカリエ

写真Ⅲ-1-5　東京スカイツリー

Ⅲ　主要な観光事業

準大手私鉄は、大手私鉄に準ずる存在として位置づけられており、関東では新京成電鉄、関西では北大阪急行、大阪高速鉄道、山陽電気鉄道、神戸高速鉄道等が該当する。

中小私鉄は大手私鉄、準大手私鉄を除いた事業者を指す。主として郊外、地方都市、山間部などを走り、地方住民の足となっている。

④　今後の鉄道事業

今後の鉄道事業の需要動向に関しては、増減２つの方向性が考えられる。まず増要素としては、環境問題、エネルギー問題に対応するために、環境対応性が優れ、エネルギー効率が高い鉄道に期待が高まることが鉄道の需要増につながると考えられる。また、労働時間の短縮による余暇の増加、休日制度の見直しによる休日の増加等も鉄道旅行が増大する要素として考えられる。

次に減要素としては、少子高齢化が進むことによる人口減少が鉄道の需要減につながると考えられる。また、LCCと呼ばれる低価格の航空輸送サービスを提供する格安航空会社の出現や、ハイブリッド車・電気自動車も今後の普及率次第では減要素として挙げられる。さらに、従来は大都市圏においては住宅が郊外へ建築される傾向にあり、これにより通勤距離も延伸傾向にあったが、土地価格の下落や都心部の再開発の進展などにより落ち着く傾向にあり、今後多くの伸びは期待できない。

このような需要動向を踏まえて、今後の鉄道事業を発展させるための施策としては、以下のような点が挙げられる。

（1）　鉄道と他の交通機関の連携強化　鉄道相互、あるいは他の交通機関との連携を改善することにより、顧客が自分のニーズに合った組合せで交通機関のサービスが受けられるようにすることが施策として考えられる。例えば、鉄道による空港へのアクセスを整備することにより、航空、鉄道相互の需要の増加が期待できるが、このためには相互の交通機関のスムーズな連携を可能にする交通ターミナルの整備が必要である。

（2）　多角的なサービスの提供　顧客が鉄道を利用する場合、鉄道の利用だけではニーズが満たされない場合が多い。鉄道の利用以外にも買い物、食事等のさまざまなニーズを伴って人々は鉄道を利用する。このようなニーズを満足させるサービスを鉄道の駅や車内で輸送サービスと合わせて提供することができれば、鉄道利用の満足度は高まり需要も増大する。

JR東日本が最も戦略的かつ意欲的に各駅で展開してきた**駅ナカビジネス**はその一例である。現在、「ecute」（写真Ⅲ-1-7）、「atré」（写真Ⅲ-1-8）、「GRANSTA」（写真Ⅲ-1-9）といった名称で特に高い集客力を持つ駅で展開される駅ナカビジネスは同社の事業で重要な位置を占めるととも

駅ナカビジネス：　鉄道事業者が管理する駅構内の土地に商業施設を誘致して、賃料収入や乗客増につなげることを目的とする事業の総称。ホームや通路に売店や自販機を設置する小規模な事業から、大規模な店舗街をつくる事業を指す。大規模な例としては、JR東京駅地下の「グランスタ」などが挙げられる。

リニアモーターカー（linear motor car：超電導磁気浮上式鉄道）：　リニアモーターにより駆動する鉄道車両を指す。日本で営業運転を行っているものは愛知高速交通東部丘陵線（リニモ）で、2027年を目処に首都圏―中京圏間を結ぶ中央新幹線の営業運転開始を目指して開発が行われている。

AGT（Automated Guideway Transit）：　自動運転により専用軌道を案内軌条に従って走行する中量輸送の旅客輸送システム。敷設された軌道上をゴム製のタイヤで走るため、騒音や揺れが少なく勾配にも強い。遠隔操作が可能で運転士を必要としないため、低い人員コストで運営が可能となる。大量輸送には向かないが、高架化が比較的容易で新規敷設にかかるコストが比較的かからず、バスのような渋滞がないことから、定期的な安定した輸送が可能となっている。

LRT（Light Rail Transit）：　低床式車両（LRV）の活用や軌道・電停の改良による乗降の容易性、定時性、速達性、快適性などの面で優れた特徴を有する次世代の軌道系交通システム。近年、LRTの導入に合わせてバス、自動車との連携やトランジットモール整備を図ることがまちづくりを一体的に進めるうえでの有効な手段として注目を集めている。

写真Ⅲ-1-7　ecute 上野　　写真Ⅲ-1-8　atré vie 三鷹　　写真Ⅱ-1-9　GRANSTA

写真Ⅲ-1-10　リニアモーターカー　　写真Ⅲ-1-11　LRT（富山ライトレール）　　写真Ⅲ-1-12　BRT（名古屋ガイドウェイバス）

に、鉄道利用客の増加に一役買っている。

（3）新しい鉄道システムの導入　新しい技術を応用した効率的かつ高性能の新しい鉄道システムの導入も今後の鉄道事業の発展のためには必要である。例として、**リニアモーターカー**（写真Ⅲ-1-10）や**AGT**、**LRT**（写真Ⅲ-1-11）、**BRT**（写真Ⅲ-1-12）などの**新交通システム**等が挙げられる。

「リニアモーターカー」については、目下 JR東海、鉄道総合技術研究所の手で実用化に向けて開発が進んでいる。新交通システムは軽量鉄道システムともいうべきもので、多額の投資を必要としない、小回りの効く公共輸送手段として注目されている。

これらの施策を講じるためには、多額の投資と期間が必要とされ、一企業の手に委ねるには適切ではない面がある。実施に当たっては国家プロジェクトとして、今後の国の交通政策の中核に位置づけることが必要である。今後の鉄道事業は、国と鉄道事業者等の民間が連携をとって各々役割を分担し、長期的観点に立って施策を講じるべきである。

5　鉄道会社と観光ビジネス

1）鉄道会社と観光ビジネスの関係

鉄道をはじめとする運送事業の発展と鉄道路線網や海上運送網の拡大は、観光の分野にも影響を及ぼし、「観光業」「旅行業」などの新たな観光ビジネスを生み出した。1841年にイギリスのトーマス・クックが禁酒大会に

BRT（Bus Rapid Transit）：バス高速輸送システム。バス専用道路や常設の専用バスレーンを設け、一般道路における通常の路線バスよりも高速に運行し、定時性を確保しようとする輸送システムである。日本で本格的にBRTと呼べるシステムは名古屋ガイドウェイバス（ゆとりーとライン）が挙げられる。近年、バス専用の走行空間を有する輸送システムや、運行車両に連節バスを用い、一般バス路線を運行しているものをBRTと呼ぶことがある。

新交通システム：日本における都市型の中量軌道輸送システムのうち、路面交通の影響を受けないなど、従来とは異なる交通システム全般を指す。具体例としてAGT、BRT、LRT・モノレール・HSSTなどの形態を指す。狭義として、日本におけるAGTを指す場合もある。

Ⅲ　主要な観光事業

際してレスター——ラフバラ間の12マイルに特別列車を走らせ、570名の
参加者を募ったことが、観光ビジネスの始まりであるとされている。以後、
観光ビジネスは、鉄道会社本体あるいは関連会社の旅行会社等において重
要な事業部門とされてきた。これはわが国においても明治に鉄道事業が創
設されて以来踏襲されてきた傾向であり、本来のコア業務である運輸関連
の業績の向上を図るうえでも、鉄道会社における観光ビジネスの役割は大
きいものといえる。

　また、都市開発と同様、観光地の開発・発展は、鉄道事業と密接な関係
を持っており、**観光地の開発と鉄道網の整備例**は多数見られる。鉄道は人
の移動手段として、宿泊施設とともに観光ビジネスを支える機能を持つ。
鉄道の発達の程度が、当該地域の観光ビジネスの成否を決める大きな要因
の一つであり、換言すれば、観光地が発展する背景には鉄道の発達が存在
するといえる。

　本来、人と物の運送を使命とする鉄道事業において、その業績向上は、
いかに大量の人と物を目的地まで安全かつ迅速に運送するかによって達成
されるものであった。つまり人と物の移動のための手段として鉄道は存在
価値が認められてきたといえる。

　しかし、鉄道事業を取り巻く環境の変化に伴って、鉄道事業の役割も変
化を余儀なくされることになる。社会が豊かになるにつれ、余暇の増大や
経済的な余裕が増し、鉄道事業に対して単に人と物の移動が求められてき
たのが、次第に移動中の快適性や付加価値が求められるようになった。

　このことが、鉄道事業者において観光への取組みを本格化させる契機と
なり、多様化した利用客のニーズに対応すべく、新たな交通事業としての
展開が求められる時代を迎えたのである。

2）鉄道会社の観光戦略

　鉄道会社の観光戦略においては、車、船舶、航空等の競合する移動手段
との差別化をいかに図るかが重要なテーマとなる。車と鉄道を比較した場
合、車の利点としては、①移動に時間的制約がない、②荷物の運搬が容易
である、③目的地変更等が容易にできる、ことなどが挙げられる。これら
の利点は観光に鉄道を利用する場合の弱点となり、例えば、駅での乗り換
えとそれに伴う荷物を運搬しての徒歩での移動は、観光動機を阻害する要
因の一つとなる。逆にいえば、この点を払拭できれば、①安全性が高い、
②時間に正確である、③運賃が低廉である、などの利点を持つ鉄道の優位
性を示すことが可能になる。

　また、一般に観光ビジネスを考える際には、利用客を増やす要因として、
①観光資源の存在、②移動する間の快適性、③目的地での回遊可能な範囲
の広がり、④特産品などの魅力ある商品の提供、⑤観光資源に付随した施

観光地の開発と鉄道網の整備例：
　伊豆急行の伊東から伊豆急下田
までの開通により、伊豆半島の観
光開発が加速して観光地伊豆の名
声が定着した例、上越新幹線の誕
生により、首都圏から日帰りのス
キーが可能となり、スキー客を中
心に観光客の大幅な増加につな
がった例、鉄道と道路網の充実が
複合的に作用したことにより、従
来の温泉とスキーのみにとどまら
ない広域観光地域が形成された草
津温泉の例など鉄道網の充実に伴
い、観光開発が進められた事例は
枚挙にいとまがない。

設の充実、⑤地域観光を広く知らしめるための PR 等が挙げられるが、これらは、いずれも観光収益の増大に大きく関わる要素であり、鉄道会社においてもこれらの観点からの観光戦略を行うことが求められる。

　しかし、近年の観光戦略は、単に、競合する他の移動手段に勝利するかということではなく、車（路線バス、タクシー等）、船舶、航空といった他の移動手段との提携を含んだ幅広い事業展開をいかに行うかという点にある。すなわち、これからの鉄道会社の観光戦略は、鉄道単独での発展を目指すのではなく、他の移動手段との連携・共存の道を模索する方向での新たな観光戦略が求められているのである。例えば、鉄道を利用して現地に到着した後の観光の移動手段として、路線バス、レンタカーを併用したサービスの提供などは鉄道を利用する場合の弱点を補うものとして利用の増大が見込まれている。

　鉄道各社の中でも、その路線距離と包摂する地域が広範囲であることから、JR が実施する観光ビジネスへの取組みは、規模と多様性においてその他私鉄各社の限定的な地域への取組みとは一線を画するものであるといえる。

6　観光列車事業

　JR は観光事業の中でも観光列車事業に力を入れており、今後の成長市場となり得るかが注目を集めている。以下、豪華客船クルーズの鉄道版として「クルーズトレイン」と称される、JR の新たな観光列車戦略を担う実例を紹介する。

1）ななつ星 in 九州

　日本の観光列車の発祥は約 90 年前の大正期から昭和初期に遡るとされるが、**リゾートしらかみ、特急あそぼーい！、特急ゆふいんの森**など、日本の観光列車の数は年々増え続け、その特徴は多種多様になってきた。豪華寝台列車ということでは、全客室が 2 人用の A 寝台個室という**カシオペア**が 1999 年の運行開始から十数年経つが、いまだに人気が高い。上野―札幌間をほぼ毎週 3 往復し、旅行目的だけでなく移動手段としても利用でき、途中下車も可能な列車である。また、東京―札幌間を運行する長距離寝台列車の「北斗星」や大阪―札幌間の「トワイライトエクスプレス」も、大都市間を結ぶ定期列車であるが、観光列車としての人気も高い。一般的な寝台列車には設備されていなかった特別な客室や食堂車で提供されるメニューの豪華さが人気のもととなっている。

　2013 年 10 月には、クルーズトレイン「ななつ星 in 九州」（写真Ⅲ-1-13）が登場した。3 泊 4 日コースでは、博多駅を昼過ぎに出発し、由布院駅、宮崎駅、都城駅、隼人駅、鹿児島中央駅、阿蘇駅、豊後森駅を経て、4 日

リゾートしらかみ：　JR 東日本が秋田駅―弘前駅・青森駅間を奥羽本線・五能線経由で運行している臨時快速列車である。弘前行は白神山地のブナをイメージしたグリーンの車体「ブナ」、青森行は神秘の湖青池をイメージしたブルーと白の車体「青池」の 2 編成で運行されている。車窓からは日本海や白神山地、岩木山など変化に富んだ景色が展開される。車内では津軽三味線の生演奏も行われ、スローな旅を楽しむこともできる。

特急あそぼーい！：　JR 九州が、2011 年 6 月 4 日から熊本駅―宮地駅間を豊肥本線経由で運行している臨時特急列車である。かつて同区間を運行していた観光列車「あそ BOY」「あそ 1962」の実質的な後継列車としての位置づけとなる。

特急ゆふいんの森：　JR 九州が、博多―由布院間で運行する特急列車である。ゴージャスな気分と美しい景色を楽しめる「高原のリゾートエクスプレス」をうたい文句として、ヨーロピアン調の座席が高い位置にあるハイデッカー車でありながら連結部でもフロアレベルが変わらない画期的な連結ブリッジや木をふんだんに使ったナチュラルなインテリアの車内を特長としている。

カシオペア（Cassiopeia）：JR 東日本、JR 北海道、IGR いわて銀河鉄道、および青い森鉄道が運行する寝台特別急行列車である。すでに高い支持を得ていた寝台特急列車の「北斗星」や「トワイライトエクスプレス」を超える高水準のサービスを提供するフラッグシップトレインとして運行が開始された。

目の夕刻に博多駅へ戻る。停車駅では、沈壽官窯での絵つけ体験などが用意されているほか、1泊は霧島温泉郷の高級旅館での宿泊がセットになっている。

一編成の定員が30人という希少価値と同時に列車デザインの第一人者、インダストリアルデザイナー**水戸岡鋭治**氏による車両の現代的な機能性、高級木材を使用したジャパニーズモダンの内装デザイン、さりげなく配置した福岡県大川市の家具職人の手による組子細工など、九州を代表する伝統の技がそこかしこにちりばめられており、すべての客室にシャワー、トイレが備えつけられているなど、居住空間としての快適性に気が配られている。

「ななつ星 in 九州」が画期的である理由の第一は、内装やサービスの類例のない上質さにあるが、さらに、旅の目的を実現するための手段の一つとして、移動という役割を担うのが鉄道本来の役割だとすれば、この列車は移動する車内で過ごす時間そのものを目的としている点でも画期的な存在といえる。

2）ＳＬ銀河

「SL銀河」（写真Ⅲ-1-14）は2012年にJR東日本から運行計画が発表された観光列車である。盛岡市の公園に保存されていたSL（C58形）を改修し、2014年4月から土休日の釜石線を中心に運転されている。釜石線には急勾配が多く、SL単独では力不足のため、客車はJR北海道から購入したエンジンつきの気動車を改造して使用している。釜石線沿線は、童話作家の宮沢賢治の生地である花巻をはじめ、その代表作「銀河鉄道の夜」とゆかりの深い地域である。そのため、「SL銀河」の客車も宮沢賢治の生きた大正・昭和初期をイメージした内装で、プラネタリウムの設置など同作の世界を強く意識したデザインとなっている。

「SL銀河」は2013年10月に八戸線で運行を開始した**TOHOKU EMOTION**や**SLばんえつ物語**と並び、JR東日本の観光列車戦略の新たな流れといえる。運行路線を一路線に特化し、非日常感あふれる装いの特

水戸岡鋭治（1947-）： 岡山県出身のインダストリアルデザイナー（工業デザイナー）、イラストレーター。JR九州発足直後から、同社の車両デザインを手がけるようになり、「グッドデザイン賞」や「ブルネル賞」を獲得するなど国内外で大きな評価を受け、その後のわが国の鉄道車両デザインに多大な影響を与えた。

TOHOKU EMOTION： JR東日本が運行する鉄道車両（気動車）で、ジョイフルトレインと呼ばれる車両の一種である。「新しい東北を発見・体験する」ことにこだわった列車で、列車全体を「移動するレストラン」として運行する。運行区間は八戸線の八戸駅―久慈駅間で1日1往復する。旅行商品（パッケージツアー）として販売するため、団体専用列車扱いの運行となる。

写真Ⅲ-1-13　ななつ星 in 九州

写真Ⅲ-1-14　ＳＬ銀河

写真提供：藤乃

別「SL銀河」車両で沿線地域の観光資源を活かした車内サービスを提供する観光列車の導入は、同社に限らず業界全体に見られるトレンドである。

なかでも、JR東日本は首都圏全域を営業エリアに収め、かつ東日本各地への新幹線ネットワークを持つため強みは大きい。利用者が集中する首都圏での広告と各駅の販売拠点（みどりの窓口）を通じて、観光列車の認知度向上と販売が比較的容易にできることに加え、首都圏から観光列車の発駅までの移動需要も新幹線で取り込めるという優位性がある。

また、JR東日本とJR西日本では、今後も豪華観光列車の運行を予定している。

3）TRAIN SUITE 四季島

TRAIN SUITE 四季島（写真Ⅲ-1-15）は、JR東日本が、フェラーリの元デザイナーとして世界的に知られる奥山清行氏にデザインを依頼した豪華列車であり、2017年5月から運行されている。

この列車のコンセプトは、「出発駅を旅の起点として、同じ駅に帰着するまでのクルーズを一つの物語として捉え、上質な体験を提供する」というものであり、そのコンセプトに沿って、使用される車両は豪華なつくりとなっており、すべての客室がスイート以上となっている。特に、最上級の「四季島スイート」は、メゾネットタイプで、落ち着いた雰囲気の畳敷きの和の空間となっている。さらに、列車の前後にある展望車は、側面から天井にかけて大きな窓で囲まれており、移りゆく四季折々の風景を存分に楽しむことができる。

ダイニング車では、各地の旬の食材を使った料理を堪能することができ、出発・帰着駅となる上野駅には、利用者専用のラウンジ「プロローグ四季島」と専用のホームを設置して、利用者だけが満喫できる特別なサービスを提供している。

4）TWILIGHT EXPRESS 瑞風

「TWILIGHT EXPRESS 瑞風」（写真Ⅲ-1-16）は、2015年3月に運行を終了した豪華寝台車の元祖である「トワイライトエクスプレス」の後継

> **SLばんえつ物語**：JR東日本が新潟駅（当初は新津駅）―会津若松駅間で信越本線・磐越西線経由で運行している蒸気機関車（C57形）が牽引する臨時快速列車である。地域観光列車の側面が大きく、磐越西線周辺市町村により、SL定期列車運転協議会が設けられている。この機関車は新潟県新津市の小学校に保存されていたのを埼玉県の大宮工場で修復して使用している。

写真Ⅲ-1-15 TRAIN SUITE 四季島

写真Ⅲ-1-16 TWILIGHT EXPRESS 瑞風

写真提供：橋川翔（Ⅲ-1-15・Ⅲ-1-16）

列車として、JR西日本が2017年6月に運行を開始した豪華列車である。

この列車のコンセプトは、「美しい日本をホテルが走る」というもので、そのコンセプト通り、京都や出雲、宮島等の歴史・文化の土地や、日本海や瀬戸内海の風光明媚な場所など、西日本エリアの「美しい日本」を巡る旅を満喫することができる。

車両のデザインは、建築家の浦一也氏とインダストリアルデザイナーの福田哲夫氏の両名によるものであり、昭和初期に流行した「アールデコ様式」をモチーフにした客室の装飾はクラシカルでありながらもモダンな一面も兼ね備え、調度品として西日本各地の伝統工芸品を使用することにより、彩があり落ち着きのある空間をつくり出している。

提供される料理も日本料理、洋食、郷土料理などバラエティに富んでおり、7人の食の匠がプロデュースする豪華なものとなっている。車窓から各地の絶景を眺めながら、豪華な食事を楽しめるのもこの列車の大きな魅力の一つとなっている。

また、乗車駅の京都駅、大阪駅、下関駅の各駅には、利用者専用の出発ラウンジが設けられており、列車が停車する各駅は駅舎をリニューアルし、利用者専用の出入口を設けたり、外国語に堪能な係員を配置したりしている。

これらのクルーズトレインと称される豪華観光列車導入の背景には、沿線地域の観光振興の流れに観光列車という自社商品を導入することで、自社路線の付加価値向上につなげる狙いがある。また、豪華観光列車の導入が他の事業分野の収益増に大きく貢献し得ることも、鉄道事業者が力を入れる要因の一つといえるだろう。

Check

- ☐ 鉄道事業法が適用される鉄道の種類について、具体例を挙げて説明してください。
- ☐ 鉄道事業法で規定されている鉄道事業の種類を挙げ、その違いについて述べてください。
- ☐ わが国における鉄道事業の成立経緯について概説し、その特長について述べてください。
- ☐ 鉄道事業者としてのJRと私鉄の違いについて述べてください。
- ☐ 今後の鉄道需要の増減要素について述べてください。
- ☐ 鉄道事業を発展させるための今後の施策として考えられるものを具体例を挙げて説明してください。
- ☐ 新交通システムについて、具体例を挙げて説明してください。
- ☐ 鉄道事業と観光ビジネスの関係について述べてください。
- ☐ 鉄道会社の観光戦略として挙げられるものを列挙してください。
- ☐ 近年の観光列車事業について、具体例を挙げて説明してください。

（松岡弘樹）

コラム 4

鉄道系博物館と観光

　コラム 2 では、産業観光の具体例として企業博物館を紹介してきた。企業博物館の業種別の件数の傾向を見ると、特定の 1 社（業界トップの企業の場合が多い）のみが設立する業種も多いなか、鉄道は下の図表Ⅲ-1-2 のように、比較的多数の企業が博物館をつくっている。2007 年 10 月に埼玉に鉄道博物館がオープンして以降、リニア・鉄道館（2011 年）、京都鉄道博物館（2016 年）と、10 年の間に JR 系の大規模な博物館のオープンが相次いだ。また、2018 年 4 月には、小田急電鉄が 2021 年春にロマンスカーミュージアムをオープンさせることを発表している。

　日本の企業博物館の歴史の中でも鉄道系の博物館の歴史は長く、現在の鉄道博物館の前身となる施設などを遡っていくと、1921 年に当時の鉄道省がつくった鉄道博物館にたどり着く。当時は政府機関が管理していたが、鉄道事業の民営化後の現在は、企業あるいは企業のつくる財団法人によって管理されているため、企業博物館として扱うことができる。

　また、企業博物館の中には企業の運営の都合上、企業の営業日のみ開館するという事例も多いが、図表Ⅲ-1-2 の中では名鉄資料館のみが平日のみの開館となっており、鉄道系の場合、多くが一般的な博物館と同様、文化や教育、レクリエーション施設として運営されている。近年開館した施設の内容を見ると、鉄道技術に関する説明や車両部品のような関連資料が展示されているだけではなく、大規模な敷地内に実物大の車両を展示し、車両内部や運転席などの様子を見ることができたり、大きなジオラマスペースで鉄道模型が動く様子を見学できたり、シミュレーターで運転を体験できたりといった、子どもに人気が出る仕掛けが多数用意されている。休日になると、非常に多くの家族連れで館内が賑わうテーマパークのような施設となっているところも少なくない。

　鉄道に関する各種資料の収集や保存、研究や展示といった博物館としての機能を担いつつ、集客力を持つ観光資源としても発展していくための体制の構築は、今後も鉄道系の博物館に求められるであろう。

図表Ⅲ-1-2　主な鉄道系の企業博物館

JR 系の企業博物館（関連企業名）	私鉄系の企業博物館（関連企業名）
• 鉄道博物館（JR 東日本）	• 電車とバスの博物館（東急電鉄）
• リニア・鉄道館（JR 東海）	• 地下鉄博物館（東京メトロ）
• 京都鉄道博物館（JR 西日本）	• 東武博物館（東武鉄道）
• 九州鉄道資料館（JR 九州）	• 名鉄資料館（名古屋鉄道）

（高柳直弥）

2 / 航空運送事業

① 航空運送事業とツーリズム

現在、世界の航空旅客は国内・国際線を合わせて約35億2500万人（2015年ICAO資料）に達し、今後さらに増加の一途をたどる傾向にある。今世紀に入り国際間の人、モノ、文化の交流は、一層活発になっているが、その移動手段として最速の輸送機関である航空運送事業の果たす役割はきわめて大きい。しかし、世界における本格的な商用航空輸送は1950年代に入ってからで、その歴史は鉄道、海運に比べ比較的新しく、まだ60年ほどである。急速に発展する国際航空業界にあって、特に観光立国を目指し、海外との人的交流を進めるわが国は、海外旅行者の99％、訪日外国人の97％が航空機を利用している。観光立国を進めるうえで、航空運送事業は最も重要な基盤産業である。

② 航空運送事業の歴史

1）航空機の開発と発展

人類が、鳥のように翼を持って空を飛ぶことは、ギリシャ神話に登場するイカロス以来の果てしない夢であったが、1903年アメリカのライト兄弟によって初の動力つき飛行機が36m飛んだことで叶えられた。それ以降、第一次、第二次世界大戦を経て**航空機**の技術性能は飛躍的に向上し今日に至っている。航空機の商用運航は、1919年に貨物輸送が始まり、1920年後半には旅客定期便が運航している。

今日のような国際移動手段として客船に取って代わったのは、1950年代、ボーイング707、ダグラスDC8に代表されるジェット旅客機の登場からである。特に1970年に就航した通称ジャンボ、ボーイング747型機は、従来の座席数に比べ2～3倍の350～500席となり、**飛行機**が一部エリート層の乗り物から、一気に大衆が気軽に出かけることが可能な手段となり海外旅行ブームが本格化した。ちなみに日本人の海外旅行が解禁されたのは1964年であった。その後今日に至るまで、旅客機の技術開発による性能は著しく向上し、人々の生活に欠かせない手段となっている。

2）国際航空運送の歴史と仕組み

第二次世界大戦後の荒廃した世界の空を、各国がいかに安全と秩序を保って運用するかを討議した会議が終戦前の1944年に開催され、具体的な

航空機／飛行機： 航空機（Aircraft）は、大気圏の中で浮力、揚力を使って航行する乗物（気球、飛行船等を含む）の総称。飛行機（Airplane）は、航空機の一種で、動力を使って揚力を得て飛行する乗り物。現在、商用航空機の大部分は飛行機である。

国際航空業務の枠組みが定められた（通称**シカゴ条約**）。「5つの自由」といわれる、領空通過権、技術着陸（給油等）、相手国への相互乗り入れ、相手国から第三国への輸送等、基本となる商業運航権を定めた。各項目は制限的な要素が多いが、これは航空機の性能が驚異的に発達し、各国の安全保障と密接に関わることが背景にある。

このシカゴ条約の実施機関として1947年**ICAO**が国連の専門機関として設立された。日本は1953年主権回復後に加盟した。ICAOの主な機能は、各国にまたがる民間航空の安全な運航体制、航空機の技術発展、空港と管制など多岐にわたる。

国際民間航空を運航するために必要な、相手国への乗り入れ地点、運賃、便数、輸送量等との取り決めは二国間航空協定と呼ばれる、政府間交渉に委ねられることとなった。各国ともに自国に有利な条件で交渉を進めるため、強国が排他的かつ一方的に有利な協定を結ぶ傾向となり、この状態は航空の自由化を迎える1980年代後半まで続いた。例えば当時の日米航空協定はアメリカに圧倒的有利な内容であり、日本も国策会社として日航のみが運航権を有していた。

実際の運送に従事する各国際航空会社の運航業務を相互に円滑かつ効率的に行う機関として**IATA**が設立された。IATAの主な業務は、加盟航空会社間の連帯運送、運賃と精算、空港の発着枠等の調整機能を行ってきた。しかし運賃等に関しては、国際カルテルの色彩が強く、自由化を求めるアメリカの批判にさらされた。この状態は1980年代のオープンスカイ・ポリシーの浸透で解消に向かい、現在は大半の国で**ATI**の施策がとられるに至っている。

③ 国際航空運送の変遷

1）規制緩和

戦後、各国は国内航空運送はもちろん、国際航空運送にあっても二国間航空協定のもと、規制による保護政策を展開してきたが、伝統的に自由競争を強く標榜するアメリカは1978年、**航空規制撤廃法**を施行した。その内容は、①新規参入規制の撤廃、②路線・運賃の自由化、③民間航空局の廃止、を柱とした徹底した自由化政策であった。結果、アメリカ国内では新規の航空会社が乱立し、熾烈な生き残り競争が展開された。お互い「喉を掻っ切る競争」といわれたほど凄まじいもので、新興会社はもちろん、多くの名門航空会社も競争に敗れ、倒産の憂き目を見た。

2）オープンスカイ・ポリシー

オープンスカイ・ポリシーは、一言でいえば従来二国間の協定で縛っていた指定航空会社、路線権、輸送力等の制限を相互に撤廃することである。

シカゴ条約（国際民間航空条約）：1944年、第二次世界大戦後の世界の民間航空のあり方、基本枠組みを定めた会議で採択された条約。各国の商業航空運航の基本である領空通過等「5つの自由」を定めた。

ICAO（International Civil Aviation Organization／国際民間航空機関）：国連の下部機関。191ヵ国が加盟（2016年11月現在）。主な業務は安全、技術開発、航空路、空港、保安施設等の法整備、推進などである。

IATA（International Air Transport Association／国際航空運送協会）：国際定期便運航会社265社が加盟、国際定期輸送量の83％を占める（2017年1月現在）。主な業務は主要空港の発着枠調整、連帯運送、運賃、精算業務等。

ATI（Anti Trust Immunity／独禁法適用除外）：オープンスカイの導入に伴い、ATIが二国間で承認されたことで、航空会社間で自由に運賃、路線、時間帯を調整し、共同運航が可能となった。

航空規制撤廃法（Airline Deregulation Act）：1978年アメリカ・カーター大統領が施行。参入規制、路線、便数、運賃等の規制を撤廃し、自由競争をうながす。以後、航空業界のみならず多くの産業（電気、通信等）に影響を及ぼす。

オープンスカイ・ポリシー（Open Sky Policy／空の自由化）：世界的に貿易・サービスの自由化が進む中で、国際航空の分野も政府間協定の規制条項を外し、航空会社間の自由な競争原理を進める政策。

アメリカに端を発した規制撤廃の波はただちに世界に波及し、ヨーロッパはEU（欧州連合）展開の中で域内の完全自由化を達成した。アジアは少し遅れたが、現在は各国ともほぼオープンスカイの時代になっている。日本は、世界の流れに遅れをとっていたが、近年に至りオープンスカイ・ポリシーを積極的に推進し、33カ国（2017年9月現在）、日本発着便の95％がオープンスカイの対象である。この結果、利用者の利便は向上（選択の多様化、低運賃を享受）したが、航空会社は厳しい生存競争に直面することとなった。

４　大手航空会社のビジネスモデル

１）ハブ＆スポーク・システム

所有機数、乗り入れ空港、発着枠等大きな既得権を享受していたいわゆる大手航空会社が取り入れたビジネスモデルが**ハブ＆スポーク・システム**である。拠点となるハブ空港に大型機を配し、地方空港（スポーク）から中・小型機で集めた旅客を他のハブ空港に輸送するシステムである（図表Ⅲ-2-1）。

２）ＦＦＰ

大手航空会社が競争力を高める目的で、導入されたマーケティングツールが**FFP**であり、さらに予約システムの高性能化であった。

FFPは、一般に「マイレージ」と呼ばれ、上顧客のリピーター顧客層に焦点を定め、自社に囲い込むことを目的とする。主にビジネスクラス顧客が対象となる。アメリカン航空が導入し、現在では多くの産業で導入されている販売ツールである。

３）ＣＲＳ

航空会社は、規制撤廃以後の運賃自由化で、路線、時間帯、複雑な運賃体系を管理し、効果的に利用客に提供するため、**CRS**の開発が必至であった。各社が開発したCRSは自社のほか、旅行代理店に置かれ、座席販売に不可欠な流通チャネルとなった。現在、CRSは世界規模で運用する**GDS**と呼ばれる3社に集約され、座席販売、ホテル、チケット手配等あらゆる地上手配がネットで個人でもできる時代となっている。

> **ハブ＆スポーク・システム**（Hub & Spoke System）：アメリカ大手航空会社の典型的なビジネスモデル。車輪の中心（ハブ）に当たる拠点空港に大型機を配し、多くの車軸（スポーク）の先に当たる地方都市から中・小型機で集客し、ハブ空港間の一括大量輸送を図るシステム。
>
> **FFP**（Frequent Flyers Program）：一般にマイレージと呼ばれ、上顧客とリピーターの囲い込みと拡大を図るセールスツール、現在最も有効なマーケティング戦略の一つ。
>
> **CRS**（Computer Reservation System）／**GDS**（Global Distribution System）：CRSは、単なる座席予約機能だけでなく、複数社の間でデータの交換ができ、共同運航には欠かせないシステム。近年はさらに鉄道、ホテル、入国申請等の手配も可能なGDSとして独立したビジネスとして展開されている。

図表Ⅲ-2-1　ハブ＆スポーク・システムのイメージ

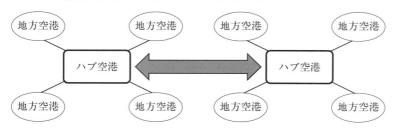

4）グローバルアライアンス

　1970年代後半から続いた激しい生存競争下で、大手の航空会社は徐々に競争力を失っていった。主な原因は後述するLCC等新興会社との競争、高コスト体質、不安定な燃油コスト、テロ、感染症などのイベントリスクが挙げられるが、その結果どんな巨大航空会社でも一社単体では競争に生き残れないとの認識で一致するに至った。背景の一つには国籍条項（外資規制）のため、国際航空会社間では企業合併、M&A等は不可能であった（近年EU内では認められた）。したがって各社が企図したのはグループを形成し、複数の航空会社が相互補完し、持てる経営資源を有効に活用して競争力をつけることにあった。試行錯誤を経て、世界の国際航空会社は三大アライアンス（Global Alliance）と呼ばれるグループに集約されている。「スターアライアンス：28社」（日本からは全日空が参加）、「ワンワールド：13社」（日本航空が参加）、「スカイチーム：20社」である（加盟社数は2018年11月現在）。アライアンスの目的と機能は、経営資源の相互活用（コードシェア、CRS、空港カウンター、ラウンジ等）、FFP、共通経費の削減等を通じ競争力を高め、同時に強靭な経営力をつけることにある。IATAに加盟している航空会社265社の中で、三大アライアンスには61社が参加しているが、三大アライアンス合計で、全世界の生産量（**座席キロ**）の約6割、売上高の約7割を占めており、寡占状態となっている。

5　LCCのビジネスモデル

1）躍進するLCC

　現在、大手航空会社のビジネスモデルと対峙する戦略で躍進しているのがLCCである。大半はアメリカの規制撤廃後に誕生したが、すでに全世界の航空市場の30％以上を占めるに至っている。アメリカを中心とした北米30％、ヨーロッパは39％、東南アジアでは52％を占めている。日本を含む北東アジアが最も遅れて10％であるが、急速に規模も拡大している（2012年。出典：国土交通省国土交通政策研究所2014年5月）。旅客数においても、国際線ではライアンエアー（アイルランド）が8367万人を運び1位、国内線ではアメリカの元祖LCCのサウスウエスト航空が1億2900万人を輸送してトップとなっている（2014年）。また同社は創業以来黒字経営を続けている。

　現在日本に乗り入れているLCCはアジア各国から12〜13社に上る。わが国の3社を含め、運航会社はさらに今後増加することが見込まれる。

2）LCCのビジネススタイルと課題

　最近は、長距離海外線を運航するLCCも出てきているが、経営の基本スタイルは、①ポイント・ツー・ポイントと呼ばれる二地点間輸送で機材

グローバルアライアンス（Global Alliance）：　航空会社は資本による買収、合併等ができないため（国籍条項）、提携によるネットワーク等事業規模の拡大を目指した。現在三大アライアンスに集約されている。

座席キロ：　航空会社の生産量（規模）を表す経営指標の一つ。総座席数に運航した飛行距離を乗じたもの。また、利用した乗客数を表す指標は「有償旅客キロ」という。

LCC（Low Cost Carrier／低コスト航空会社）：　日本では「格安航空会社」と呼ばれる。徹底したコスト削減と座席数を増やすことで総収入を上げる経営手法。

の稼働率を高める、②使用機種を中・小型機1種類に絞る、③サブ空港を使用し着陸料等のコスト削減、④機内食等のサービスはすべて有料、⑤予約はネット中心、⑥座席数は可能な限り多くする、等が挙げられる。

　徹底したコスト削減により低運賃を提供し、利用率を高めることで収益を確保する戦略をとるが、課題も多い。

　少ない機材で高稼働を目指すため、整備、天候不良等で休航した場合、ただちに代替機材が用意できない。旅客にとっては予定が狂う場合を見込まなければならない。機内食等の料金のほか、座席指定、受託手荷物等もすべて別料金を収受するので、事前にサービス内容を把握する必要がある。

⑥　日本の航空運送事業の変遷

1）規制と保護の時代

　日本の航空産業は、1945年から7年間「**航空禁止令**」により運航、生産を含む一切の活動は禁止された。1952年、サンフランシスコ講和条約によって日本は主権回復と同時に空の活動も回復された。ただちに日本航空（政府出資）が設立され、続いて多くの民間航空会社が続き、日本人の手による民間航空事業が再開された。しかし空白の7年間のダメージは大きく、国策会社の日本航空を除いては、その経営体力は実に脆弱なものであった。何よりも安全の確保が公共交通機関として最優先となることから、運輸省（当時）は業界全体を規制と保護の政策下で育成することとした。

航空禁止令：　第二次世界大戦後、日本は、占領した連合国により一切の航空に関する業務と航空機の生産を1952年まで禁止された。この7年間のブランクは後の航空機生産の再開が立ち遅れる要因となった。

2）45・47体制

　政府は業界の健全な発展を期する観点から、乱立した企業を統合し、業界の強化策を推進した。その結果1970年には日本航空（日航）のほか、全日本空輸（全日空）と日本国内航空（国内航空）の三社体制に再編され、その事業体制が定められた。これは1970（昭和45）年と1972（昭和47）年に閣議決定されたことから**45・47体制**とも航空憲法とも呼ばれ、およそ15年間続いた。世界はその間、市場自由化の波が渦巻いていたが、日本はその流れに大きく遅れた結果となる。規制の内容は、参入規制、需給調整、運賃規制に及んだ。また三社の事業分野は次のように定められた。

①　日航：　国際線と国内幹線（東京・大阪・福岡・沖縄・札幌）。

②　全日空：　国内幹線とローカル線、近距離国際線のチャーター運航。

③　国内航空：　国内ローカル線（同社は2002年に日航と合併）。

45・47体制：　再開した民間航空各社の経営体力が脆弱であったため、政府がとった規制と保護政策の呼称。航空三社の業務体制を厳格に定めた。

3）航空政策の見直しと航空規制緩和

　1978年に施行されたアメリカの「航空規制撤廃法」は確実にヨーロッパから、アジアへと波及した。その間、日本政府は航空会社別に事業分野を厳密に定める方針をとった。この政策は、戦後再開された航空会社の経営基盤を強化、安定する面で一定の成果は認められるものの、一方で、無

航空規制緩和：　アメリカの航空自由化は世界に影響を及ぼし、日本も1986年、45・47体制の根本的転換を図った。国際線の複数社化、国内線の競争促進、日本航空の民営化、新規参入や運賃自由化策等が骨子であった。

競争の市場に安住し、独占による企業体質の弱体化という弊害も引き起こした。何よりも顧客は高い運賃、不便な路線と時間帯の選択を余儀なくされ、また社員の高報酬に対する批判も出てきた。アメリカからの市場開放の圧力とともに、国内にあっても競争原理を導入すべし、との声が高まってきた。このような時代の要請を受けて、政府は1986年に45・47体制の見直しを図り、航空業界にも競争原理を導入した。その内容は、①国際線運航会社の複数社化、②国内線の複数運航体制化（ダブルトラック、トリプルトラック）、③日本航空の民営化の3点であった。さらに参入規制の撤廃、需給調整の撤廃、運賃規制等諸規制の緩和と自由化が進められた。

4）規制緩和後のわが国の航空業界

1986年以降、わが国の航空業界は大きく変化した。まず国際定期便に全日空が参入し、30年弱で日本航空と規模が同等となるまでに発展した。国内路線も各社の企業判断で路線の参入、撤退が可能となった。何よりも運賃を各社が自由に提供できることとなり利用者の利便向上に資した。特筆すべきは参入規制が廃止された結果、スカイマーク航空、エアドゥ、スカイネットアジア航空等が誕生したことである。新興各社の経営状態は厳しいが、各社独自の戦略で現在も運航を続けている。さらに2012年は日本における「LCC元年」といわれ、新たにピーチアビエーション、ジェットスター、バニラ航空の3社が運航を始め、LCCとして低価格運賃でマーケットに浸透し始めている。わが国にも本格的な競争原理が導入され、航空業界の市場は国内からアジア、世界とのグローバルな競争になってきた。競争の相手は国内ではなく、アジアをはじめ、世界のエアーラインとの生き残り競争となった。

7　空港の整備と運営

1）立ち遅れた日本の空港政策

航空運送事業が成立する基盤（インフラストラクチャー）は空港である。現在、日本で民間航空機の離着陸ができる空港は100を数える。日本の地勢的な特徴（南北に長く、平野が少ない、狭隘な地形）は、空港建設に適切でなく、建設コストも高くなるうえ、市街地上空の騒音問題もあり、したがって24時間運航できる空港は限られるハンディがある。一方、近年、アジア各国は積極的に大規模空港の開発を進めており、日本は大きく立ち遅れている。2020年の東京オリンピック・パラリンピックの開催を待つまでもなく、現在、羽田空港をはじめ急ピッチで整備が進められているが、需要に追いつかないのが現状である。

2）空港の整備と課題

現在、作業が急がれているのは、①国際空港（羽田、成田、関西空港など）

Ⅲ　主要な観光事業

の24時間運航体制と**発着枠**の拡大、空港への地上アクセスの整備、②地方空港の整備（LCC就航と訪日外国人増加への対応）、③**空港民営化**（民間の資本、活力を注入し経営力強化）等である。各地空港の効率的活用策も自治体、地元を中心に検討が急がれる。

３）急速に発展する世界のハブ空港

　空港を利用する旅客数の世界ランキング20位のうち、東南アジアの空港が半分近くを占める（2012年）。従来は香港、シンガポール、バンコクのみであったが、現在はクアラルンプール、ジャカルタ、北京、上海、仁川がランクインを果たし、この地域のハブ空港化を目指している。

　これは航空機の技術革新で、従来の航空路と関係なく、超長距離運航（1万km以上）が可能となったからである。例えばアラブ首長国連邦（UAE）のドバイ空港は旅客数ですでにトップテンに入っている。人口、市場に関係なく、地勢的要素が航空機の発達と相まって、世界の飛行ルートを替えつつあるのが現状である。21世紀は交流の時代である。2020年の東京オリンピック・パラリンピックを控え、わが国も観光立国の主目標である訪日外国人を円滑に迎え入れるためにも玄関口である空港基盤の一段の整備と充実が必須の要件となっている。

⑧　航空会社の経営

１）航空会社経営の共通理念

　すべての交通事業の運営に共通した理念は、①安全性の確保……安全なくして経営なし、を企業風土とする、②定時制の確保……公共交通機関の使命、③快適性と利便性を向上し、利用客に選ばれる企業となる、ことといえる。

２）経営の特性

　航空会社の経営の特徴は、まず、①商品である「座席」のストックができない。生産と消費が同時に発生し、在庫調整ができない。②競争会社との使用機材がほぼ同一で、いかに自社独自の付加サービスで優位に競争できるかがポイントとなる。③固定費の割合が高い。航空機材費、人件費のほか、燃油費、空港使用料等も固定的に発生する。生産体制が硬直的。④変動要因の影響を受けやすい。悪天候のほか、感染症、テロ、紛争等の要因で生産が止まる。⑤多額の資金を必要とする（大型機1機は約300億円）。

　以上の要素から現在、世界の航空会社の利益率は高くないのが実態である。

３）二極化するビジネスモデル

　現在の航空会社は、**FSC**と呼ばれる大手航空会社とLCCに代表される会社との二極化が鮮明となってきた。FSC各社はグローバルアライアン

発着枠（Slot）：　空港の発着容量以上に、乗り入れ希望会社が多い混雑空港（羽田空港、ヒースロー空港等）では、IATAが発着枠の調整機能を持っているが、航空会社の事業規模と収益性に直結するので、常に問題を抱えている。根本的解決策は容量を拡大すること。

空港民営化：　空港は、滑走路等とターミナルビルから成り立っている。日本は従来、国が滑走路を管理し、ビルは民間が経営していたが、全体の経営効率化を図るため、一体化し、民間の活力を導入して経営する方策が求められている。

FSC（Full Service Carrier）：ファーストクラスをはじめ、あらゆるサービスを提供する大手航空会社を指す呼称。ナショナルフラッグ、メガ航空、レガシー等とも呼ばれ、LCCとの対比で使われることが多い。

スを組織し、主に高収益を期待できるビジネスクラス旅客に焦点を絞った
マーケティング戦略を展開している。LCC 各社はコストの削減を進める
ことで低料金化を図り、座席数を増やす、すなわち生産量の増加と大量集
客により経営基盤の安定を図ることとなる。航空会社の選択は、利用客の
価値観（低運賃かサービス内容）に委ねられる。利用客が航空会社を決める
時代になり、このような企業間の競争が業界の健全な発展に寄与すること
だろう。

9 　航空機産業の展望

1 ）世界の航空機市場

　航空運送事業を経営するには、自社の事業規模に最適な航空機を選択し、
運航することが最も重要である。現在、世界の空を飛んでいる旅客機は約
2 万機弱であるが、2030 年には 3 万 6000 機以上と予測されている。その
うち大型機（A380、B747 等）のメーカーは 2 社、小型機（リージョナル）の
主なメーカーで実績のあるのは 2 社（ブラジルのエンブラエル社、カナダのデ・
ハビランド社）であるが、現在、日本をはじめ数カ国が開発を進めており、
旺盛な需要が見込まれるだけに、メーカー側も熾烈な受注競争に直面して
いる。

　大型機の分野では、超大型機で世界市場でのハブ＆スポーク・システム
化を目論んだエアバスと、中型機で都市と都市を結ぶことを主眼としたボー
イング社との競争となっている。最新鋭機ボーイング 787 型機には日本
企業が 35％の生産を担っている。特に最新のハイテク技術（炭素繊維）を
提供し、高い燃料効率の運航に寄与している。

　今後の有望市場は、LCC の躍進で近距離運航の 100 席前後のリージョ
ナル機である。航空機産業はグローバルでシナジー効果も高く、日本企業
の活躍が期待される。

2 ）日本の航空機産業

　第二次世界大戦前、日本は世界でも有数の航空機生産国であったが、戦
後の 7 年にわたる空白期間のため、再開は大きく遅れた。再開の当初は米
軍のライセンス生産から始まったが、1964 年には 60 人乗りターボプロッ
プ旅客機 YS11 型を世に出した。優秀な性能を誇ったが、結局 182 機で生
産を中止した。現在、国内主力メーカーが結集して製作中の機体が **MRJ**
と呼ばれている 92 座席のリージョナル機である。すでに全日空をはじめ
世界のユーザーから 400 機近い受注を受け、2018 年の引き渡しを目指し
ていたが、遅れに遅れを重ね、現在、2020 年後半とされ、懸念されている。
しかし航空機産業は最先端の工業技術が結晶されたものであり、今後、航
空会社と一体になった発展が強く期待されている。

MRJ：　三菱リージョナルジェ
ットの略。日本は YS11 型機の後、
旅客機の生産が途絶えていたが、
三菱航空機が満を持して開発した
小型旅客機。大きな需要が期待さ
れる市場であるが、ロシア、中国
等も開発中で国際間の競争も激し
い。成功が強く期待される。

Ⅲ　主要な観光事業

10　空港運営会社の現状

　2016年4月に関西国際空港と大阪国際空港（伊丹空港）が、また、同年7月に仙台空港が民営化されるなど、全国で空港改革が進んでいる。日本国内に空港は100近くあるが、このうち19の空港を国が管理している。国土交通省では、空港の運営権を長期間民間企業に委託する民営化を推し進めており、関空、伊丹、仙台の後には、高松、福岡のほか、北海道では、新千歳や函館など4空港を一括して民営化することも検討されている。

　国が民営化を進める目的の一つが、経営の自由度を高めて空港間の競争をうながすことである。ターミナルビル会社は地元自治体や企業が出資する第三セクターが経営するが、着陸料は国が一律で決めていた。これを民営化することで、空港本体とビルを一体運営できるようになり、着陸料もビルの使用料も柔軟性を持って決められるようになる。

　民営化が拡大すれば、大都市以外にも海外のLCCが就航し、地方への海外旅行者の利便性向上や、訪日旅行者増につながるものと考えられる。

── Check ──

☐　交通機関の中で飛行機の果たす最大の役割は何ですか。
☐　戦後、世界の航空運航体制の枠組みを決めた国際機関の名称と役割は何ですか。
☐　国際線を運航する航空会社間の円滑な運営を図る目的で、設立された国際機関の名称と役割は何ですか。
☐　アメリカの航空規制撤廃法の果たした役割は何でしたか。
☐　日本の「45・47体制」の目的は何でしたか。
☐　日本における規制緩和策の骨子は何でしたか。
☐　FSCの典型的なビジネスモデルは何ですか。
☐　LCCの典型的なビジネスモデルは何ですか。
☐　日本の空港整備と運営に関し、解決すべき課題は何ですか。
☐　航空会社の経営で最も重要な理念は何ですか。

（山下光二・白土健・太田実）

コラム 5

その他の交通系観光産業

【バス】

　最も基本的なサービスは、「人や物をある地点から別の地点まで移動させる『輸送サービス』」である。利用者は「歩くより速くて疲れない」という"形のないサービス"に対して「運賃」という"対価"を支払う。多くの輸送サービスの中でも私たちにとって最も身近な存在の交通機関がバス事業である。

　バス事業には停留所と停留所を結ぶ「乗合バス」と「貸切バス」に大別され、降りたところが目的地という利用者のニーズに合わせてオーダーメードで運行する「団体向け貸切バス」と、旅行会社が個人・グループ客を募集して実施する「ツアーバス」がある。安価な料金設定により、ツアーバスは若年層・帰省客・ビジネスマンに広く受け入れられたが、新規参入の増加と予約サイトの登場で価格競争が激化し、運転手不足等により事故も多発し、安全確保の懸念（運転手の過労運転）・事業者の法令違反が多く発生し、再発防止のための安全対策が求められている。

　現在では「安い」「狭い」「眠れない」のデメリットから訪日客やシニア向けにゴージャスさをウリにするとともに宿代わりにゆったりとした車室を持つ豪華バスが続々と投入され、宿不足、利用客の多様化に対し、バスならではの小回りを生かし顧客を取り込んでいる。

【客船】

　クルーズ船を使い旅行を楽しむ時代がやってきた。スピードに勝る飛行機に移動の手段を奪われた客船が、レジャー産業に転換し早や半世紀。移動中のゆったりとした洋上の船内におけるプールやフィットネスセンター、映画館、コンサートやショーなど娯楽やサービス、食事等、非日常の体験（スローライフの究極である安全・快適・便利・感動・健康）から船内での時間を楽しむことができ、わが国においてもフェリーの大部屋での雑魚寝は過去のもので、時を忘れて船旅を楽しむシニアを中心に今後ますますの成長が見込まれている。

　今後はこのクルーズ人口の伸びを追い風に、シニア以外の客層をいかに広げられるかが鍵となる。その一つとして FLY ＆ SEA と呼ばれる航空機とセットの手ごろな値段のツアーが秘策となるであろう。

　受入れ側は大型化による乗船客数の多さから訪日外国人の消費や給油、給水、食料購入等の経済効果を期待し、寄港地を勝ち取るために大型船用に港湾の拡充、整備が急がれている。

（白土健）

3 / 宿泊業

1 宿泊業とは

　宿泊業の発達は、交通の発達の歴史とともにある。洋の東西を問わず、国家が成立し、道が整備されるようになると、人々はさまざまな目的で移動、すなわち旅をするようになった。日帰りでは帰ることのできない場所への移動は当然、宿泊が伴う。宿泊施設がなかった時代、人々は**野宿**をしながら旅を続けていたが、危険な野宿によって命を落とす者は後を絶たなかった。寺院や教会などの宗教施設が旅人を一時的に保護する施設として宿を提供することもあったが、時代が下り、交通網の整備が進み、経済や文化が発展し、人々の往来が盛んになるにつれ、やがて宿を提供する商売が誕生したのである。つまり危険から逃れたい、身を守りたいという旅人のニーズによって**宿泊業**は必然的に生まれたといえよう。

　今日、旅の目的は観光やレクリエーション、帰省、訪問、ビジネス、研究など多様化している。単に「泊まる」というニーズを満たす施設から、キャラクタールームにあるように非日常性を追求し、究極のサービスを提供する空間まで、世界各国にさまざまな形態の宿泊施設がつくられ、宿泊業は一大産業として発展を続けている。その機能も「泊まる」にとどまらず、「食べる」「集う」「憩う」「楽しむ」「買う」など多岐にわたっている。

2 宿泊業と法律

　わが国の宿泊施設は「ホテル」と「旅館」に大別されるが、今日新しい宿泊のスタイルとして、空いている住宅に泊まる「民泊」が注目されている。法的に整理してみると1948年には**旅館業法**が制定され、その定義によれば、「旅館業」とは「宿泊料を受けて、人を宿泊させる営業」であり、「宿泊」とは「寝具を使用して施設を利用すること」とされている。また、旅館業の種別を「ホテル営業」「旅館営業」「簡易宿所営業」「下宿営業」の4種に分類している。「ホテル営業」とは「洋式の構造及び設備を主とする施設を設け」てする営業であり、「旅館営業」とは「和式の構造及び設備を主とする施設を設け」てする営業である。

　さらに、**日本標準産業分類**（2013年10月改定、2014年4月1日施行）によれば、「宿泊業」は、「大分類M　宿泊業、飲食サービス業」→「中分類75　宿泊業」→「751　旅館、ホテル」に分類され、「宿泊業とは、一般公衆、

野宿：　野外で寝て、夜を明かすこと。特に古代では身分の高い王侯貴族でさえもしばしば野宿をせざるを得ない状況にあった。野宿には常に動物や盗賊に襲われる危険、悪天候への不安がつきまとっていた。

宿泊業：　貴族の館や民家などが旅人を無償で受け入れたことに始まり、やがて料金をとって宿や飲食を提供することを職業とする者が現れ、宿泊業が生まれた。今日でも人が泊まれる施設で、宿泊料を受けて寝具を提供するビジネスをいう。

旅館業法：　旅館やホテルなどの宿泊施設の公衆衛生と善良な風俗の維持を目的に制定された法律。ホテル営業については、10室以上の洋客室を主体とする宿泊施設で、レストランや食堂で食事を提供できる宿泊施設と定めている。

日本標準産業分類：　1949年に日本の公的な統計の結果を表示するために産業の分類を定めた総務省告示であり、個々の産業を定義するものではない。産業構造の変化に伴い、しばしば改正される。

特定の会員等に対して宿泊を提供する事業所をいう」と説明が加えられている。2018年6月には新しい法律「住宅宿泊事業法（民泊新法）」が施行され、都道府県などに届け出れば、誰でもが合法的に民泊を始められるようになった。

　このように産業上の分類、あるいは法律の規定によって「宿泊業」を説明することは可能であるが、今日の宿泊業は単なる宿泊にとどまらず、さまざまなサービスや機能を提供している。つまり事業としてのホテルは、各ホテルの業態や経営母体、経営形態、さらに**経営理念**や経営目的によってその定義は異なるといえよう。また近年では、宿泊産業は**ホスピタリティ産業**として位置づけられ、ホスピタリティの提供が重要視されている。しかし業態がいかなるものであろうとも、宿泊施設を備え、宿泊機能や飲食機能を中心に、時代のニーズに応えるさまざまなサービスを提供する産業として、今後も発展し、進化を続けていくであろう。

③　ホテルの発達史

　ホテル発祥の地であるヨーロッパでは、中世初期に「ホテル」や「ホスピタル」の原型といわれている「ホスピターレ（ラテン語：hospitale）」が登場した。ホスピターレは、キリスト教の影響が強かったこの時代、貧しい旅人、特に巡礼者を宿泊させ、病にかかった者に、治療や看病を施した避難所を指した言葉である。また中世後期には「イン（inn）」と呼ばれる宿屋が街道筋に発展した。長距離の移動に馬車を使ったヨーロッパでは、インは馬車を停め、馬を休ませ、飼料や水を与え、旅人には宿泊と飲食を提供する施設であった。インの中には旅芸人による音楽や芝居などを催すところも現れた。

　近世に入ると、絶対王政下、王侯貴族の社交の場として、贅を尽くした客室や飲食を提供する宿泊施設がつくられるようになった。華やかな宮廷文化が栄えたこの時代に、フランスで見られた「豪華な客室」「最高級の家具や食器類」「贅沢で格式のある料理や酒」「洗練されたサービス」こそ、今日の高級ホテルで提供されるサービスの原型である。しかしこのような高級ホテルは一部の特権階級のための施設であり、民衆には手の届かない存在だった。また18世紀後半、イギリスで始まり、やがて世界中に広がった産業革命は人々の暮らしを大きく変え、富裕層を生み出した。やがて富を得たブルジョアジーの観光や保養のために、ヨーロッパ各地に次々と高級ホテルが建設されるようになった。1898年、パリでは**ホテル・リッツ**が開業した。

　一方、産業活動が活発になり、商用旅行者が増えるにつれ、一般大衆を対象にした快適なホテルへのニーズが高まるようになった。20世紀に入り、

経営理念：　企業の活動方針の基本となる考え方や価値観を表したもの。例えば、ザ・リッツ・カールトン・ホテル・カンパニーの経営理念、価値観は「ゴールドスタンダード」という呼称でまとめられている。

ホスピタリティ産業：　直接、顧客と接してサービスを提供する業種の総称。わが国では一般に、観光産業、宿泊産業、飲食産業、余暇産業などを指す。

ホテル・リッツ（Hôtel Ritz）：　セザール・リッツ（1850-1918）によって1898年にパリのヴァンドーム広場で開業。最高級の家具や調度、最高の料理、徹底した顧客主義のサービスで王族や上流階級の人々をもてなした。リッツの経営哲学「お客様は常に正しい」は、今日に至るまでホテルサービスの原型といわれている。

III　主要な観光事業

図表III-3-1　ホテルの歴史／時代区分別キーワード

古　　代	必要最低限の条件を確保した宿
	・睡眠、飲食ができる
	・危険から逃れ、身を守れる（生命や財産の保護）
中世～近世	一部の特権階級、富裕層のための宿
	・豪華絢爛な施設や設備、食事
	・洗練された高度なサービス
近　　代	一般旅行者向けの快適で低廉な宿
	・安全、清潔、快適、利便
	・経営の合理化、効率化
現　　代	多種多様な要素を持つホスピタリティ産業
	・基本的機能＋各種サービスの提供
	・接遇を通じたホスピタリティの提供

アメリカで、**エルズワース・スタットラー**が、「快適さ」「便利さ」「清潔さ」をモットーに、低料金で一定水準の質の高さが保たれたサービスを提供するホテルを開業した。「1ドル半でバスつきの部屋を」というキャッチフレーズのもと、1908年に営業を開始した全300室の「バッファロー・スタットラー」は、経営の合理化を進め、全米にホテルチェーンを展開した。以降、急速にホテル産業は近代産業へと大きな変貌を遂げていった。

　今日のホテルは、利用客の多様化した要望、社会的状況に応じるため、客室に加え、レストランや宴会場、結婚式場、会議室、スポーツ施設、ショップ等を備え、地域社会の交流の場や文化・情報の発信基地として機能するに至っている（図表III-3-1）。

　フランス語の「hôtel：オテル」からきた英語の「ホテル（hotel）」は、古代ラテン語の「ホスペス（hospes）：客人」から派生した「ホスピターレ（hospitale）：巡礼者や旅人のための宿、大きな館」が語源である。「ホスピタル（hospital）：病院」やもてなしを意味する「**ホスピタリティ**」も同様の語源から派生した言葉である。つまり語源的に見ても、ホテルとは、安心して休息したり、睡眠をとったりする場所といえる。

④　観光産業としてのホテル

　近年、世界的に発展を続けている観光産業は、21世紀の基幹産業といわれ、旅行業と宿泊業を中心として、運輸業、飲食業、製造業等にまでまたがる幅の広い産業分野である。このうち宿泊業の担い手の一つがホテルである。

　ホテルは、観光客に宿泊や飲食というサービスを提供し、収入を得る過程の中で、地域における雇用を誘発し、食材や備品等の調達などを通じて

エルズワース・スタットラー
(Ellsworth Milton Statler, 1863-1928)：　ホテル経営に科学的、合理的な技術を導入し、ホテル産業を近代産業に脱皮させた人物。またサービスの質の向上のため「スタットラー・サービス・コード」をスタッフに示した。

ホスピタリティ（hospitality）：　もてなし、心からの歓待の意。ホスピタリティは顧客のウォンツ（欲求）に応え、期待以上の付加価値を提供し、感動を与える行為といえる。ホスピタリティ産業であるホテル業界では、ホスピタリティをいかに提供するかが重要な経営課題である。

広範な経済波及効果を生み出す産業である。

観光庁の資料によれば、わが国の宿泊業の市場規模は1991年の4兆9400億円をピークに、2012年は2兆7300億円と縮小傾向が続いた。この背景にはバブル崩壊、リーマンショック、東日本大震災、また円高の影響による外国人観光客の減少がある。しかし、2013年は、年間の**訪日外国人旅行者数**が初めて1000万人に、2016年には2400万人超になった。また多くの外国人観光客の受入れが必要となる2020年の東京オリンピック・パラリンピック大会開催に向けて、さらなる追い風を受け、観光産業の強化を掲げる国の施策とも相まって、ホテル業界が観光産業の担い手として、その役割を拡充する取組みはすでに始まっている。

⑤　ホテルの種類

ホテルが提供する基本的な「商品」は、客室、施設・設備、料理、サービスの4つである。しかし、価格帯、立地、滞在期間、利用目的、資本形態、経営形態等のさまざまな要因によって、ホテルは次のような種類に分類されている。

1）価格帯別分類

欧米ではホテルの格付けを**星数**で分類している。格付けを審査する機関や組織は国によって異なり、評価基準も異なっているが、価格帯で分類した場合は図表Ⅲ-3-2のような分類方法がある。

2）業態別分類

わが国ではホテルの業態別に「シティホテル」「ビジネスホテル」「リゾートホテル」という分類を用いるのが一般的である。

（1）シティホテル　都市の繁華街に立地し、大規模で、多目的に利用される。このため宿泊や飲食、宴会などの基本的な機能のほか、ビジネス、スポーツ、リラクゼーション、カルチャー、娯楽、ショッピングなどさまざまな付随的機能を備えている。客室はツインルームを多く配し、婚礼や宴会など**宴会部門の売上げ**の比率が高い。

（2）ビジネスホテル　シティホテル同様、主に都市の繁華街に立地。ビジネス客をターゲットとし、シングルルームを中心とした宿泊機能に特化したホテルである。低料金だが客室は狭く、従業員の数も少なく、合理

観光庁：　わが国の「観光立国」の推進体制を強化するために、2008年10月1日に発足。国土交通省の外局である。宿泊施設における訪日外国人旅行者の取込みの推進を掲げている。

訪日外国人旅行者数：　2016年の2400万人超えから、政府は「明日の日本を支える観光ビジョン」で、2020年訪日外国人旅行者数4000万人、旅行消費額8兆円等の新たな目標を設定した。2018年は、台風21号や北海道胆振東部地震が訪日旅行にも影響を与え、5年8カ月ぶりに前年割れとなったが、観光復興キャンペーンの展開から順調に回復、初めて3000万人を突破した。今後は航空路線の拡大や宿泊施設の整備、災害時における不安を和らげる迅速な情報発信などが課題となる。2018年の訪日外国人消費動向調査によれば、観光・レジャーを目的とした訪日外国人の平均泊数は6.0泊、ヨーロッパ、ロシア、カナダ、オーストラリアでは10泊以上と長い。宿泊施設のタイプでは75.1％が「ホテル（洋室中心）」で、「旅館（和室中心）」は18.2％、有償での住宅宿泊は12.4％あった（複数回答）。

星数：　スターレート（Star Rate）と呼ばれる。ホテルの格付け方法の世界的な統一基準はなく、フランスでは国が厳格に6段階の基準を定めている。ミシュランのガイドブックではホテルを5段階で評価し、お城のマークで表示、ドバイやブルネイでは7つ星のホテルがある。

宴会部門の売上げ：　わが国のシティホテルの特徴は宴会部門の売上げの比重が高いことである。一般にシティホテルの売上構成比は、宿泊、宴会、飲食がそれぞれ3分の1といわれるが、ホテルによっては宴会部門が2分の1近くの売上げを占めているケースもある。

図表Ⅲ-3-2　価格帯による星数の分類

1つ星	バジェット（budget）	格安価格帯
2つ星	エコノミー（economy）	低価格帯
3つ星	ミッドプライス（mid-price）	中間価格帯
4つ星	ハイクラス（high class）	高級価格帯
5つ星	ラグジュアリー（luxury）	最高級価格帯

的な経営が図られている。また、チェーン展開をしている場合が多い。

（3）　リゾートホテル　　海辺、高原、山岳、湖、温泉地などの観光地や保養地に立地し、観光、休養、避暑、避寒、スポーツ等を目的に利用される。ホテルの規模もさまざまで、立地によっては季節による繁閑の差が激しいのが特徴である。また、東京ディズニーリゾートやハウステンボスのようにテーマパークの敷地内に設置されることもある。

３）その他の宿泊施設

わが国ではホテル以外にも次のような宿泊施設がある。

（1）　旅　　　館　　和式の構造と設備を備えたわが国固有の宿泊施設。旅館の種類は、観光や行楽利用が主体の温泉旅館や観光旅館、商人宿とも呼ばれるビジネス利用主体のビジネス旅館などがある。部屋数の少ない超高級旅館から、団体客を扱う大規模な旅館まで、規模も、料金設定もさまざまである。1泊2食の料金設定、客室で食事をサービスする部屋食が基本だが、大広間や食堂で供する施設も増えている。今日では「Ryokan」という呼称は、外国人にも知られるようになり、わが国独特の雰囲気が味わえることから、外国人（**バックパッカー**）の利用が低廉な旅館を中心に増えている。

（2）　民　　　宿　　ハイシーズンにおけるリゾート地周辺の一般家庭の空き部屋に宿泊希望者を泊めたことから始まった観光地を中心に営業される**兼業・生業的**宿泊施設。海辺や高原に立地し、洋風の外観や内装で、主に洋食がサービスされる民宿のことは「ペンション」と呼ぶ。

（3）　カプセルホテル　　トイレや風呂を共用スペースにするなど、睡眠のためのスペースに特化した低料金のホテル。大部屋の中にカプセル状の簡易ベッドが積み重ねられた形態で、旅館業法ではホテル営業ではなく簡易宿所営業になる。ビジネスホテル同様、都市の繁華街に立地する。

（4）　ファッションホテル　　日本独自の形態のホテルで「ラブホテル」「ブティックホテル」「テーマホテル」「プレジャーホテル」などとも呼ばれる。もっぱら異性を同伴する客の宿泊（休憩を含む）の用に供する施設である。今では、暗くて不潔なイメージから劇的な変化を遂げている。基本的に時間貸し営業である。

（5）　会員制ホテル　　主にリゾート地に立地している。**会員権**を購入し、施設利用時は低料金で宿泊することができるホテル。施設（客室）の権利を複数人で購入することにより、別荘等に比べ割安に購入でき、管理費等の負担も少ない。半面、利用したい時期に予約が集中し、希望日に予約ができないなどデメリットもある。企業や団体が福利厚生として会員権を購入する場合も多い。

バックパッカー：　低い予算で世界を旅する個人旅行者のこと。大型のバックパック（リュック）を背負って旅する者が多かったことからついた呼び名。比較的長期の旅行をし、ユースホステルや安宿に泊まり、地元でのふれあいを好む傾向にある。

兼業・生業的：　兼業とは本来の仕事のかたわら他の仕事を行うことで、生業とは生計を立てるために行う仕事のこと。多くの民宿は農業や林業、漁業を営む民家が副業として営業しており、小規模な家族経営が基本となっている。

会員権：　一定の金額を支払って会員になることによって得る利用する権利のこと。会員権の種類はさまざまで、特定の一部屋を区分所有するもの、複数の会員が共有して所有するもの、所有権はなく利用する権利だけのものなどがある。

6 ホテルの商品

宿泊施設のなかった時代、旅行者が安心して休むことのできない野宿への不安や不便さ、危険から逃れたいというニーズによって誕生した経緯から、ホテル経営のキーワードとして、Bed、Bathroom、Breakfast の「3つの "B"」が挙げられることがある。こういった基本的な機能に加え、時代の変化や消費者の価値観の多様化に伴って、今日のホテルはさまざまな商品を提供している。しかし、いかなる業態のホテルであろうとも、基本となる商品構成は次に挙げる「客室」「施設・設備」「料理」「サービス」の4つである。

1）客　　　室

宿泊業であるホテルの主力商品。現代では「睡眠をとる」というニーズのほかに「快適な時間を過ごす」という欲求に応えるため、客室の広さ、調度品、**アメニティ**、機能性、眺望など、くつろげる空間づくりが重要な鍵となる。また近年は、客室で**インターネット接続**ができる環境も求められるようになった。

2）施設・設備

客室以外のレストラン、宴会場やブライダル関連施設（結婚式場や美容院、控え室等）、ラウンジ、バー、ロビー、ショップ等であり、スポーツ施設やリラクゼーション施設など、特にシティホテルでは多様な施設や設備の導入が進んでいる。ホテル内の施設は直営のみならず、**テナント**を導入する場合も多い。

3）料　　　理

宿泊者以外の外来客にも飲食を提供することから、ホテルのイメージづくりの鍵となる。大規模なシティホテルでは、館内にいくつものレストランを配し、厳選された食材を使って、高度な技術を持つ調理人やサービススタッフにより、豪華な雰囲気の中で、味はもちろん、質の高いサービスが評価につながっている。またビジネスホテルでは、地元の食材を使うなど朝食に力を入れ、**リピーター**の獲得に成功している例もある。

4）サービス

ホテルの有形な施設は**ハード面**でのサービスといえるが、利用客の真の満足を得るためには、人的な「おもてなし」の精神、すなわち「温かくお迎えし、手厚くもてなす」という**ソフト面**のサービスが鍵となる。有形の商品の価値も、ソフト面のサービスが伴ってこそ生まれてくる。つまりサービスこそ、ホスピタリティ産業に位置づけられるホテル産業の重要な商品である。

接客する者の「表情、言葉遣い、気配り」など、接客態度はもちろん、

アメニティ：　ホテル用語では、客室をはじめ施設、設備、備品、サービスなどの快適さや居心地のよさをいう。またアメニティグッズの略称として、バスルームの備品等を指す。

インターネット接続：　旅先でのスマートフォン、タブレット端末の使用頻度が急速に増え、快適にインターネット接続ができる環境の整備が求められている。無償で客室内での「Wi-Fi 接続サービス」を提供するホテルが増えつつある。

テナント：　ホテル用語では、貸店舗を賃貸する専門店を指す。大型のシティホテルでは、高級ブランド店、飲食店、コンビニ、美容院、花屋など、さまざまな業種が入店している。

リピーター（repeater）：　一度訪れた店舗や施設に、何度も訪れる人のこと。リピーターの獲得は経営の安定につながるため、多くのホテルが何らかの特典を設けた会員カード（無料の場合も多い）を発行している。

ハード面：　ホテルのハードとは、建物、施設（客室やレストラン、エントランス等）、設備など、目に見えて形のある物のこと。例えば、バリアフリーの施設や設備の設置は高齢者や障がい者に対するハード面でのサービスである。

ソフト面：　ホテルのソフトとは、人的なサービスのことである。ホテルマンの笑顔、親切な接客態度、利用客の要望をいち早く察する気配りや心配りなど、ホスピタリティ精神によって発揮されるものでなければならない。

Ⅲ　主要な観光事業

ホテル利用客の求めるサービス、喜ばれるサービスとは何かを常に考え、業務に当たる気持ちが、ホテルの評価に直結する。

　ここまで述べた、「客室」「施設・設備」「料理」「サービス」という4つの商品における必要要件は「安全」「清潔」「快適」「利便」である。ホテルが利用客の生命と財産の安全を保証するのは、ホテル誕生の背景から当然であるが、快適な時間と空間を提供するうえでも、絶対に欠かせない条件なのである。

7　ホテルの組織と仕事

　ホテルは、多くのホテルマンに支えられた労働集約型産業である。ホテルの組織は、シティホテル、ビジネスホテル、リゾートホテルなどの業態、規模、経営形態（**単独型**か**チェーン型**）によって構成が異なっている。一般的には、規模が大きくなるにつれ組織は細分化されるが、基本的にトップ・マネジメントの下に「管理部門」「営業部門」が置かれている。「管理部門」は、利用客と直接的には関わらない部署であり、経営の中枢を担い、さまざまな業務をバックアップしている。総務・人事部門や財務・経理部門、施設管理部門等がこれに当たる。「営業部門」は、直接的または間接的に利用客の接客業務に当たる部署であり、宿泊部門や飲食部門、宴会部門、調理部門などがこれに当たる。それぞれの部門の主な業務内容は次の通りである。

単独型：　単独で経営するホテル。比較的小規模で、地方のビジネスホテルやリゾートホテルなどで見られる経営形態。

チェーン型：　資本や経営ノウハウなどの共通要素のもと、一つのグループを形成するホテル群のこと。

1）宿泊部門

　ホテルの最も基本的な商品である宿泊機能（客室）を提供する部門である。宿泊客のみならずホテルの利用客を迎えるホテルの顔として、安全で快適な滞在期間を約束するものでなければならない。

　（1）　フロントサービス（front service）　　ユニホームサービスとも呼ばれ、パーキングバレット（駐車場係）、ドアマン、ベルボーイ、コンシェルジュ等の係が属する。館内施設の案内や呼び出し等、常にフロントロビー付近に待機し、直接ホテル利用者に接する業務を行う。

　①　パーキングバレット：　ホテル利用客の車を駐車場に案内したり、駐車場を管理する。

　②　ドアマン：　玄関においてホテル利用客を迎え、荷物の運搬、玄関先の車の整理、館内や周辺地域の案内等を行う。

　③　ベルボーイ：　宿泊客をドアマンから受けて、フロントまで案内し、荷物を預かって客室まで案内する。

　④　コンシェルジュ（仏：concierge）：　シティホテルやリゾートホテルなどに置かれる接客係。主として宿泊客に対応し、あらゆるリクエストに応じる。例えば、観光の手配や観劇・コンサートのチケット購入、

98

レストランの紹介・予約、交通の案内・手配などを行う。外国人利用客の要望にも応えなければならないので、英語はもちろん高い語学力が求められる。フロントデスクとは別に設置された専用のデスクで対応する。

（2）　フロントオフィス（front office）　客室予約の対応、宿泊客のチェックイン、チェックアウトに関する業務などを担当。客室営業の中心的役割を担い、関連セクションへの指示や連絡を行うホテルの司令塔でもある。

（3）　ハウスキーピング（housekeeping）　フロントが客室を販売するのに対し、ハウスキーピングは客室管理、客室の清掃、宿泊者の滞在中のリクエストへの応答、洗濯サービス、忘れ物チェックなど多種多様な業務を行う。

2）飲食部門

料飲部門とも呼ばれ、ホテル内のレストランやルームサービスの運営全般を担当する。利用客に対して、おもてなしの心を持つとともに洗練されたサービスと快適な雰囲気を提供できるよう店舗管理をする。また各店舗管理者は、売上げや利益を最大化するよう努める。

3）宴会部門

宴会予約の受付、宴会サービス、宴会セールスなどの業務を行う。宴会予約は、予約の受付、当日に向けた段取りや準備、手配を行う。宴会サービスは、宴会の準備（設営）、出迎え、接遇から見送りまで、円滑に宴会が進むように取り仕切る。宴会セールスはホテル全般に関する商品知識をもとに、販売活動を行う。

4）調理部門

洋食、中華、和食、ベーカリーなどの調理を担当する部門で、レストランや宴会の料理をする。またメニュー開発なども担当する。

5）管理部門

人事、経理、購買、飲食材コントロール、情報システム、出納業務部門等で構成されている。

またホテルの生命線である安全対策（防災・防犯・衛生等）の計画立案や有事の際の対応、再発防止策などリスク・マネジメントを推進する。

6）施設部門

建物の維持管理、諸設備の運転や保守、外注業者への業務発注や業務管理、データ収集や分析、諸官庁許認可申請、検査立会、施設変更・追加の計画、施工管理などを行う。

図表Ⅲ-3-3
シングルルームの平面図（例）

図表Ⅲ-3-4
ツインルームの平面図（例）

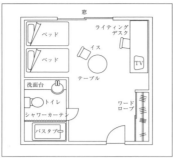

図表Ⅲ-3-5　スイートルームの平面図（例）

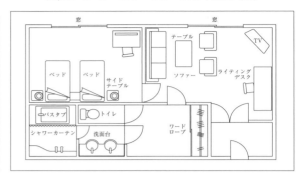

8　ホテルの客室タイプ

ホテルには、客室利用人数や利用目的に応じて、広さや間取り、諸設備の異なるさまざまなタイプの客室がある。わが国のホテルにおいて代表的な部屋の種類は次の通りである。

① シングルルーム（single room）：　ベッド1台の1人用の部屋（図表Ⅲ-3-3）。
② ツインルーム（twin room）：　正式には twin-bedded room という。ベッドが2台の2人用の部屋（図表Ⅲ-3-4）。
③ ダブルルーム（double room）：　正式には double-bedded room という。2人用の広いベッドが1台置かれた部屋。
④ トリプルルーム（triple room）：　1室にシングルベッド3台を設置した3人用の部屋。
⑤ スイートルーム（suite room）：　応接間（リビングルーム）とベッドルームが分かれている広くて特別の客室（図表Ⅲ-3-5）。
⑥ コネクティングルーム（connecting room）：　隣接した客室をコネクティングドアで利用できる続き部屋の客室。

9　ホテルの現状と課題

わが国は21世紀の経済活性化のための成長産業として**観光立国**に向けて舵を切り、訪日外国人の増加を目指している。2003年以降、海外市場で**さまざまなプロモーション**を展開し、2008年には観光庁が発足、当初、訪日外国人旅行者3000万人という目標を掲げた。しかし、ここ数年、わが国を訪れる外国人旅行者数の伸びが著しいことから、2016年3月、政府は、2020年の訪日外国人旅行者4000万人と目標を上方修正した。この目標を達成するためには、国内の受入れ環境の整備が必要であり、なかでも宿泊施設の整備は急務である。

観光立国：　観光資源を活用し、国内外から訪れる観光客を増やし、観光によって消費されるお金を国の経済を支える基盤の一つとすること。わが国では2006年に「観光立国推進基本法」を制定し、その後、アクションプログラムとして、ホテル等の宿泊施設について、施設・設備の状況や各種サービスの有無等についての外国人旅行者向けの情報提供のための仕組みの導入に向けての取組みを掲げている。

さまざまなプロモーション：　国土交通省が中心となって2003年から「ビジット・ジャパン・キャンペーン」を展開。海外での広告宣伝や海外メディアや海外旅行会社の招請、旅行博への出展などを行っている。2010年4月、事業のキャッチフレーズを"YŌKOSO! JAPAN"から"Japan. Endless Discovery"に変更している。

ホテル客室数は、イギリス・ロンドン4万6000室、フランス・パリ7万3000室、アメリカ・ニューヨーク7万室、中国・北京8万室といわれるが、わが国は4万室。2020年、オリンピック開催地となる東京をはじめ、地方にもホテル建設が急がれている。

近年、日本市場は長期的に成長が見込めるとの判断から、数千万人規模の顧客を持ち、高い集客力を誇る**外資系ホテルグループ**によるホテル建設ラッシュが主要都市を中心に全国で続いている。この建設ラッシュの背景には、国内の景気が回復基調にあって訪日外国人の増加が見込まれたこともあるが、都心部の再開発が進み、新規参入の場所が生まれたこと、地価の下落による要因も大きい。

しかしながら、2008年のリーマンショックを引き金にした世界同時不況、2011年の東日本大震災に加え、福島原発事故の影響により、ホテル業界が深刻なダメージを受けたことは記憶に新しい。時代や社会環境は、さまざまな要因によって常に変化している。ホテル業もこの環境の変化（人口減少・少子高齢化、国際化、高度情報化、環境問題への意識の高まり、格差社会への対応等）の要因を的確に予測するとともに、対応策を講じなければならない。

⑩ 民　　泊

また高級ホテルが続々と建設される一方で、前述した「民泊」が注目を集めている。民泊とは、個人の家やマンションの空き部屋に有料で宿泊することをいい、貸す側としては空き部屋の有効活用ができ、借りる側は高騰する宿泊費を安く抑えられるメリットがある。インターネットで貸したい側と借りたい側を結ぶ Airbnb（エアビーアンドビー）などのサービスにより、家主が住んだまま自宅の一部を提供するホームステイ型と家主不在のマンションや空き家を借りる型があり、キッチンつきならば現地での食材の調達など現地の暮らしや住宅事情からの文化を味わえることから人気を得ている。

急増する訪日外国人による宿不足を救う面と、疲弊した地方を中心に多く見られる空き家の活用の面からの民泊のメリットは大きい。人口減少に悩む各都市では旅行者が宿泊することで、経済が活況を呈することも予想されているが、文化の違いからのゴミや騒音トラブル、防犯上の不安の声、ホテルや旅館の経営への影響等、デメリットの声も出ている。

昨今、オリンピック・パラリンピック誘致の成功により都内では**1万室の客室が不足**するとの声も上がっており、宿泊業界全体が政府の観光施策に安閑とすることなく時代に合わせた商品の開発、人材育成・定着は待ったなしの状況といえる。

外資系ホテルグループ：アメリカ最大の売上高を誇るマリオット・インターナショナル、ヒルトンやコンラッドを展開するヒルトン・ワールドワイド、インターコンチネンタルホテルズ＆リゾーツ、シェラトンやウェスティンを展開するスターウッド・ホテル＆リゾーツなどが日本に進出している。

1万室の客室が不足：（1）旅館業は究極の「人によるサービス業」である。それは、旅館であろうとホテルであろうと簡易宿所であろうと変わらない。客が旅館業の施設を利用する時は「特別な時間を過ごすため」の場合が多く、施設及び経営者、従業者の印象がその地域の印象となってしまうことも多い。（2）客は嫌な思いをした施設には2度とこないし、反対に小さなことでも心に残るサービスを受ければ覚えている。（中略）旅館業に求められるものが変化している今、「求められているものが何か」「何が提供できるか」を経営者は明確にし、従業者個々の努力に頼るのではなく、施設としてサービスを提供していくことが望ましい。（3）また、衛生面、安全面も含めて、「宿泊客の苦情・感想」を受ける体制を整えておくべきである。苦情等を放置すればいずれ事故につながる。（中略）「宿泊客の苦情・感想」といった情報を得て、活用し、施設や地域の情報を提供する。「接客」はもはや客の顔が見える部分だけではなくなっている（旅館・ホテル業概要〔厚生労働省のホームページより抜粋〕）。

Ⅲ　主要な観光事業

　旅人が切望した野宿の危険から逃れるために生まれた宿泊施設。安全という基準を満たしていない、許可を得ていない宿泊施設は「ヤミ民泊」とされ、違反した場合の罰則が民泊新法では設けられた。

　多くのビジネスがたどる「誕生〜成長〜成熟〜衰退〜終焉」というサイクルで終焉を迎えないためには、さまざまな商品や便利さ、快適さ、おもてなしを提供し続けなければならない。それでもなお時代や社会環境の変化に適応できなければ息絶えるであろう。ホテルとは「生き物」である。

── Check ──

- ☐ 宿泊業が生まれた経緯について述べてください。
- ☐ ホテルの語源について説明してください。
- ☐ ホテルと旅館の違いについて説明してください。
- ☐ 時代別にホテルに求められた役割や提供する機能について説明してください。
- ☐ ホテル業がホテル産業へと発展した理由について述べなさい。
- ☐ 観光産業におけるホテルの役割について述べてください。
- ☐ 業態別にホテルの種類を挙げ、その特徴について説明してください。
- ☐ ホテルの商品とは何かを述べてください。
- ☐ ホテルの部門を6つ挙げ、それぞれの業務内容を説明してください。
- ☐ これからのホテル業界の課題について述べてください。

（白土健）

4 旅　行　業

① 旅行業の概要

1）旅行業の機能

　旅行業は、旅行者と旅行商品を構成する素材の提供者（**サプライヤー**）との間に位置しており、双方の触媒的機能を果たすべく、さまざまなサービスを提供するビジネスのことである。

　旅行業の主となる機能は、航空機、鉄道、船、観光バス、ホテル、旅館などの「運送・宿泊等サービス」と、飲食施設、テーマパーク、劇場、博物館などの「観光等関連サービス」を組み合わせ、商品化して、販売することである。

　商品化から販売に至る行為によって、旅行業は、旅行者には旅行目的の達成と満足を、また、事業者には利潤をと、それぞれにとっての旅行効果を極大化させることを目指している。

2）旅行業の法的位置づけ

　旅行業は、旅行業法で規定されており、その定義は「報酬を得て、（一定の）行為を行う事業」をいう。

　「報酬を得る」とは、「（一定の）行為」を行うことによって対価を得るということである。報酬には、旅行者から得られる「旅行業務取扱料金」、運送、宿泊、その他観光関連サービス業者から得られる「販売手数料」、自社の企画旅行や他社が実施する募集型企画旅行を販売して得られる「販売手数料」などがある。

　次に、「（一定の）行為」であるが、「基本的旅行業務」として、旅行者に代わって運送と宿泊の手配をすること、運送・宿泊業者のために旅行者を斡旋すること、運送機関・宿泊施設を利用し、自ら旅行者に運送・宿泊サービスを提供することなどが定められている。これらに加えて、運送・宿泊以外の観光関連サービスの手配・斡旋や、旅行者の案内、旅券受給にかかる手続きや査証申請の代行、旅行相談などが「付随的旅行業務」として規定されている。ただし、「付随的旅行業務」のみしか行わない場合は、旅行業に該当しない。

　さらに、以上に掲げた「（一定の）行為」を反復継続して行う「事業」であることが要件となっている。

　なお、運送機関からの委託により、代理でその販売のみを行う場合は、

> **サプライヤー：** 観光業界において使用する時は、旅行業者に旅行商品の素材を提供する、交通機関、宿泊施設、飲食業・娯楽業などの旅行関連事業者を指す。旅行業は旅行者の利益とともに、サプライヤーの利益にも配慮することが望まれる。

旅行業には該当しないという**例外規定**も設けられている。

3）旅行業の登録種別・区分

旅行業の登録種別は「旅行業」と「**旅行業者代理業**」の2つに分けられ、さらに「旅行業」は、「第一種旅行業」「第二種旅行業」「第三種旅行業」「地域限定旅行業」の4つに区分されている。

　（1）　**第一種旅行業**　　海外・国内の企画旅行（募集・受注型）の実施、および海外・国内の手配旅行、他社の企画旅行の代理販売等を行うことができる。

　（2）　**第二種旅行業**　　国内企画旅行（募集型）の実施、および受注型企画旅行の実施、海外・国内の手配旅行、他社の企画旅行の代理販売等を行うことができる。

　（3）　**第三種旅行業**　　一定の条件による国内企画旅行（募集型）、および受注型企画旅行の実施、海外・国内の手配旅行、他社の企画旅行の代理販売等を行うことができる。

　一定の条件とは、営業所が所在する市町村区域とこれに隣接する市町村区域の範囲内に、旅行の発着地と目的地のすべてがある場合で、これを満たせば、募集型の国内企画旅行を実施できる。従来、募集型の企画旅行は国内・海外とも一切できなかったが、2007年5月に実施された旅行業法施行規則の改正により可能となった。

　（4）　**地域限定旅行業**　　営業所が所在する市町村区域とこれに隣接する市町村区域の範囲内に旅行の発着地と目的地のすべてがある場合に限定して、企画旅行（募集・受注型）、手配旅行を実施できる。また、他社の企画旅行の代理販売等を行うこともできる。

　2012年12月の旅行業法施行規則の改正によって、新しく誕生した区分である（施行は2013年4月）。従来区分で規定されている営業保証金の供託額や基準資産額（第三種旅行業で営業保証金の最低額、基準資産額ともに300万円）を引き下げることにより（営業保証金の最低額、基準資産額ともに100万円）、限定された区域のみで旅行業務を行おうとする者の旅行業への参入を容易化する目的がある。

　以上の、第三種旅行業の一部業務範囲の拡大、ならびに地域限定旅行業の創設など、国土交通省では**着地型旅行**の商品提供を促進するための取組みに力を入れている。これらの施策は、地域独自の魅力を活かしながら交流人口を増加させる着地型観光が、産業振興や地域再生の有力手段として注目が集まっていることを背景としているが、その中で、旅行業がどれほどの役割を果たしていけるのか、今後の動向が注目されている。

例外規定：　具体的には、「路線バスの回数券を販売する商店」「航空券の購入ができる端末を置くコンビニエンスストア」などで、これらは、本体であるバス会社や航空会社の出張所の一つとして扱われ、独立した事業者とみなされないため、例外規定が付されている。

旅行業者代理業：　報酬を得て、旅行業者のために、旅行業者の行う一定の行為について、代理して契約を締結する行為を行う事業をいう。旅行業者を指して旅行代理店といわれることがあるが、これは俗称であり法律用語ではない。

着地型旅行：　従来の旅行商品が都市部の旅行会社で企画される「発地型」であったのに対し、旅行目的地側が主導して企画・実施するものを「着地型旅行」という。当該地域にとっても新しい観光資源を掘り起こすなど、地域振興につながるものとして力を入れている。

2 旅行会社の商品

1）法律で規定される旅行商品の分類

（1） 募集型企画旅行　　「募集型企画旅行」は、旅行業法あるいは約款上での用語で、一般的には「パッケージ・ツアー」あるいは「パック・ツアー」と呼ばれ、旅行会社の基幹商品である。

旅行会社が、旅行を企画し、予約手配、旅行素材の仕入れを行い、旅行会社自らが旅行代金を決め、広告等により参加者を募集するという形態である。

（2） 受注型企画旅行　　旅行者からの依頼によって、旅程を作成し旅行代金を見積り、受注した際には、その旅程に沿った予約手配や、添乗員の派遣等を行うといった形態である。「募集型企画旅行」から募集性を外したもので、個人または特定の団体のためのオーダーメイド型商品といえる。また、旅程の内容、旅行代金等は旅行会社と旅行者の合意のもとに決定される。

職域旅行やMICE関連の旅行、あるいは修学旅行から、家族旅行や大学等のゼミ旅行に至るまで、さまざまな属性、規模が対象となっている。

> MICE：　p.61 参照。

（3） 手配旅行　　旅行者から依頼を受け、航空券やJR券等の予約・発券を行ったり、旅館やホテル等の宿泊の予約手配を行ったりするなど、旅行素材を単品、あるいは複数の組合せで販売する業務である。この場合、旅行会社は旅行素材の提供者（サプライヤー）から見れば、代理店としての機能を果たしていることから「代売」ともいわれ、旅行業の原初的販売形態である。

旅行者の依頼により、旅程の内容や料金が決定されるため、旅行会社はこれに応じた予約・手配・発券業務を行うのに加え、必要に応じてアドバイスや情報提供をするにとどまる。

2）実務における主要旅行商品

（1） パッケージ・ツアー　　前項で述べた「募集型企画旅行」の一般呼称であり、意味するところは同じである。

日本においてパッケージ・ツアーが一般化するのは、**東京オリンピック**が開催され、これを契機に海外旅行が自由化された1964年以降である。同年の東海道新幹線の開通に加え、その後継続的に進められた高速道路網整備、国内航空路線網の拡充とジェット化・大型化など、旅行を支える交通基盤の整備が著しく進み、高度経済成長の時代に旅行需要も急成長を遂げた。その後、1970年の日本万国博覧会（大阪万博）の開催に至り、パッケージ・ツアーは民衆に広く浸透した。一方、海外旅行においても、ジャンボジェット機導入後の国際航空運賃の低廉化と円高による海外旅行の割

> **東京オリンピック：**　1964年に開催された。同年には、東海道新幹線、東京モノレールが開業、首都高速道路、名神高速道路が開通した。その他、訪日客を受け入れるためのホテルの新規建設などもあり、観光の活性化に大きな影響をもたらした。海外渡航が自由化され、観光目的の海外旅行が可能となったのもこの年である。

安感に加え、パッケージ・ツアーによる需要喚起により、市場は急拡大した。このように、パッケージ・ツアーは、広く一般大衆が参加することのできるマスツーリズムに大きく貢献してきたといえよう。

パッケージ・ツアーの利点としては、煩雑な予約手配を個別にしなくてもすむ「便宜性」、旅行日程の作成に精通した専門家がつくる「企画性」、旅行会社によって品質が保証される「安心感」、仕入れ時のスケールメリットによる「廉価性」、添乗員や現地スタッフなど人的サービスによる「快適性」などが挙げられる。

また、パッケージ・ツアーには、内容の違いにより、交通と宿泊に、観光や食事などがセットされた「フル・パッケージ」と、往復交通と宿泊のみの「スケルトン・パッケージ」に分類することができる。さらに、最近では、主にウェブサイト上で、交通機関や宿泊施設のセットを旅行者自身で選びオリジナルのツアーをつくることのできる「ダイナミック・パッケージ」といった形態も登場している。

（2）**個人旅行**　旅行会社が個人を対象に販売する商品は多岐にわたる。前項の「手配旅行」で説明したように、旅行素材の単品、あるいは複数の組合せでの販売や、個人旅行を対象とした「スケルトン・パッケージ」なども企画されている。

旅行動向においても、団体から個人へのシフトが進んでいるが、並行して、個人旅行の**旅行会社離れ**も深刻化している。これは、旅行者自身が、旅行会社を通さずにインターネット等で交通や宿泊の手配を行うケースが急増しているからである。個人旅行の素材としては、交通・宿泊サービスのほか、博物館やテーマパークなど各種施設の入場・入園券、演劇やコンサートなどのチケット、レストラン予約などがあるが、いずれも旅行者がインターネット上で簡便に予約手配できるものであり、個人旅行における旅行会社の優位性は低下しつつあるというのが現状である。

（3）**団体旅行**　不特定多数が集まるパッケージ・ツアーも団体旅行とみなされることもあるが、ここでいう団体旅行とは、「あらかじめ組織された団体」が、一括で申し込み、実施される旅行を指す。例えば、企業や公共団体、同業者組合、同好会などであり、こうした団体を組織する顧客はオーガナイザーと呼ばれる。

団体旅行では、親睦を図るための職域における「慰安旅行」や、販売店や社員のモチベーションの向上を期待する「報奨旅行」のほか、販売代理店や得意先の接待のための「招待旅行」などその目的も幅広い。旅行商品としては、その規模が大きくなるほど、「手配旅行」よりは、「受注型企画商品」として実施されることが多くなる。「受注型企画商品」として受注した場合は、当該団体の目的が達成されるような内容にすることも、旅行

旅行会社離れ：　交通や宿泊などの単品商品に関しては、当該事業者のホームページ上で簡便に予約・手配できることから、旅行会社を利用しないケースが増えている。また、宿泊施設に販売の場を提供する「楽天トラベル」などのポータルサイトの急増がこの現象に拍車をかけている。

会社の役割の一つといえよう。

なお、近年は MICE 関連の団体旅行が注目されており、多くの主要旅行会社がこの取込みに力を入れている。

（4）**教育旅行**　教育旅行では、小・中学校、高等学校等で実施されている修学旅行が主となる。そのほかにも、学校が催す旅行には、遠足、合宿、臨海学校・林間学校などがあり、小学校入学から高校卒業までの12年の間に、少なくない数の旅行機会がある。これに、専門学校、短大・大学等で実施される語学研修、異文化体験、留学なども加えられることから、教育旅行の対象となる市場は相当に大きなものとなっている。

（5）**訪日旅行**　外国からの訪日旅行者の旅行を扱う商品である。日本国内における旅行手配のみを行う場合と、海外に自社拠点を置き（もしくは海外の旅行会社と提携して）往復の交通と国内手配をパッケージで販売する場合の2通りがある。

政府は、2003年度より、官民一体となって**訪日旅行促進事業（ビジット・ジャパン事業）**を展開しており、訪日旅行者3000万人を目指している。2013年には初めて1000万人を突破し、今後も増加が見込まれている。国内旅行市場の頭打ちが懸念される中、多くの主要旅行会社が訪日旅行への取組みに力を入れている。

③　旅行会社の業態と職種

1）旅行会社の業態と販売形態

（1）**ホールセラー**　流通の原則は、製造、卸売、小売のいわゆる「製販三層」であり、一般の消費財のほとんどがこの原則に則っている。

旅行業においても、商品は製造業者（メーカー：maker）が造成し、卸売業者（ホールセラー：wholesaler）に卸売（ホールセール：wholesale）され、その後小売業者（リテーラー：retailer）に卸されるという流れである。

しかし、商品の運送や保管・在庫が必要な形のある消費財とは異なり、旅行商品で売り買いされるのは「権利」や「情報」である。このように無形である旅行商品の流通には独立したホールセール機能が不要であり、実際にはメーカーがホールセラーと一体となっている。ホールセール機能を有する旅行業者のうち、商品の造成と卸売（他社への委託販売）のみを行うものを特に専業ホールセラーと呼ぶ。代表的な会社として、「ルックJTB」のブランドで展開するJTBワールドバケーションズや、「I'll」のブランドを展開するジャルパックなどが挙げられる。

（2）**リテーラー**　ホールセラーに対し、最終消費者に商品を販売する業者をリテーラーという。小売（リテール）機能を有する旅行業者のうち、自社で旅行商品を造成せず、もっぱら他社の企画商品を販売するもの

訪日旅行促進事業（ビジット・ジャパン事業）：　日本人海外旅行者数と訪日外国人旅行者数の格差を是正するための戦略の一環として、2003年にスタートした事業である。対象とした海外諸国における日本向け旅行の広報や、日本国内における外国人旅行者に対応するための基盤整備などを行っている。

を特に専業リテーラーと呼ぶ。

（3）　**総合旅行会社**　　総合旅行会社の定義は一定ではなく、さまざまな説明がなされている。一般的には、個人から団体まで幅広い顧客層を対象として、幅広い商品構成を有する旅行業者をいう。流通機能から見た時には、ホールセール機能（メーカー機能含む）とリテール機能を合わせ持つ業者といえる。

旅行業は、元来が仕入れから造成、販売までを一つの企業が完結させる形で出発し、ほとんどその形態で現在に至っている。したがって、前出の専業ホールセラーや専業リテーラーの数は少ない。第一種旅行業者においては、規模の相違はあれど、多くが総合旅行会社と呼ばれる範疇に入るものといえよう。

（4）　**インハウス・エージェント**　　大手のメーカーや商社等が、社員の出張手配を主目的として設立した旅行会社を、一般にインハウス・エージェントという。1960年代後半に大手企業が、「手数料収入の獲得」「事務効率の向上」「社内における雇用場所の確保」「社員の福利厚生の充実」などを目的に、相次いでインハウス・エージェントを設立した。

しかし、バブル経済崩壊後は、企業経営の悪化に伴い、出張手続関連業務は専門の旅行会社にアウトソースした方が効率的であると判断する企業が増え、インハウス・エージェントの解散や売却がしばらく続いた。

一方で、日立トラベルビューローや東芝ツーリスト、エヌ・ティ・ティ・トラベルサービスなど、親会社が持つIT技術力などや長年の業務出張手配のノウハウにより、**BTM**を推進して安定した業績を保持するインハウス・エージェントもある。

（5）　**ネット専業旅行会社**（オンライン・トラベル・エージェント）　　インターネット上だけで取引を行う旅行会社のことであり、国内外の宿泊や航空券などの手配旅行、宿泊と航空をセットにしたダイナミック・パッケージなどを主な商品としている。宿泊予約を専門とするサイトを運営する場合は、旅行業法上の旅行業には該当しない。しかし、ダイナミック・パッケージを取り扱うなど、業容の拡大に伴い、旅行業の登録を必要とされる企業も増えている。

２）旅行会社の販売形態

（1）　**店頭販売**　　繁華街やビジネス街、ショッピングセンター内など集客力を見込める場所に設置された店舗内で旅行商品等を販売する形態である。店頭には旅行パンフレットが陳列されていることが多く、また、個人客が主となることから、店頭（カウンター）販売ではパッケージ・ツアーの販売、個人旅行の予約・手配、旅行相談などが中心となる。

最近は、インターネットの普及や価格競争の影響により、旅行者の店頭

BTM（ビジネス・トラベル・マネジメント）：　業務出張などにかかるコストを最小限に抑えるため、世界的ネットワークと専門のシステムを持つ旅行会社が、当該企業・団体を代理して航空会社やホテルの予約、手配等を行うとともに、経費管理までを一貫して請け負うビジネスのこと。

販売への依存度は減少傾向にある。旅行会社にとっても、カウンター店舗の維持には大きなコストがかかり、採算が見合わない場合、縮小や廃止、あるいは子会社化などの対応をとっている。

しかし、旅行者との対面販売によって満足度の高いサービスを提供することができれば、固定客を増やし、安定収益を確保することにつながり、また、直接的に得られる顧客ニーズの把握は他の営業活動にも活用し得るものであることから、店頭販売はいまだ旅行会社にとって重要な販売形態の一つであるといえる。

（2）**渉外セールス**　事業所の外に出て営業活動をすることを渉外（アウト）セールスと呼ぶ。一般の旅行者からは見えにくいが、旅行会社の収益は店頭販売以上に渉外セールス部門によって支えられている。大手旅行会社の多くは、店頭部門よりも数多くの社員を当該部門に配属させている。

営業の対象は、大会行事、視察・研修旅行、職域旅行、招待旅行、教育旅行、イベント・コンベンションなどの団体顧客が主となる。

ただ、団体旅行市場においても、バブル経済崩壊やいわゆるリーマンショックなどの影響による経済環境の悪化によって、企業や各種団体が費用を負担する職域旅行や視察旅行が減少しており、決して活況なわけではない。特に、職域旅行については、若年層を中心とする社員が参加を嫌がるなどの傾向も見られ、減少が著しい。

このような状況下にあって、旅行者の要望に合わせて予約・手配をするだけの従来型営業手法では、顧客を確保することが難しくなってきている。今後は、旅行者のニーズを把握したうえで、旅行会社が持つ専門知識とノウハウを発揮し、新たな価値を付加した企画を提案することで、**新たな需要を喚起していくような営業手法**が求められる。

（3）**通信（メディア）販売**　郵送配布のパンフレットや、テレビ、ラジオ、および新聞、雑誌等の広告などを利用して販売する形態である。店頭販売や渉外販売などの営業活動では捕捉できない不特定多数の市場を対象としている。申込みは、電話やインターネット、ファックス、郵便等で受け付ける。

店舗の費用がかからない反面、新聞等への広告費用が高額であることや、他社商品との比較が容易なことから価格競争に陥りやすいといったデメリットがある。

（4）**インターネット販売**　情報技術の飛躍的な伸展によって誕生した電子商取引（Electronic Commerce）であるが、旅行商品のインターネット販売も、ホームページやポータルサイトを利用して積極的に行われている。インターネット販売は、既存の旅行会社だけではなく、運輸機関や宿泊施

新たな需要を喚起していくような営業手法：　例えば、JTBでは、単に旅行を売り込むための企画提案ではなく、旅行を課題解決の手法ととらえ、顧客企業・団体の持つ課題を探り、これを解決するための旅行提案を行おうとしている。課題解決型、需要喚起型の旅行提案が他社との差別化要因になっている。

109

設などのサービス提供事業者や、情報システム会社、ベンチャー企業などのアウトサイダーが参入しており、これまでの旅行商品の造成から流通、販売に至るまでのビジネスモデルを変容させている。

インターネット販売では、「フル・パッケージ」型の商品よりは、航空券や宿泊予約等の単品販売、あるいは「スケルトン・パッケージ」型の商品などの親和性が高い。また、航空券と宿泊を自由に組み合わせられる「ダイナミック・パッケージ」も徐々に広がりを見せている。

④ 旅行業の役割

１）旅行業の利点

旅行者から見た旅行業の利点では、旅行に必要なさまざまな利用機関の予約が一つの窓口ですむ利便性、旅行目的の達成のための提案力、個人で購入するよりも安い価格設定となる廉価性、信頼性のある旅行情報の提供などが挙げられる。

一方、旅行素材の提供者（サプライヤー）から見た利点としては、**販売チャネルの拡大**、**需要喚起**、予約および料金収受の確実性などがある。また、オフシーズンに旅行会社がキャンペーンや宣伝などによって集客することは、季節波動の平準化にも貢献している。

２）今後求められる役割

今後、旅行業が果たし得る役割としては、「環境」や「福祉」を主眼とした旅行機会の創出や、観光交流を増加させることによる地域の振興などが挙げられる。

自然や文化に触れるツアーは増えているが、そのために大勢の観光客が押し寄せて、自然や環境を損なうという皮肉な現象が散見される。旅行会社には、「環境」に配慮、あるいは「環境」と調和した観光機会の創出が求められる。

また、「福祉」と観光の関係を考えた時には、高齢者や障がいを持った人が観光に参加できるような仕組みづくりや、健康と結びついた**ヘルスツーリズム**の適正な提供が求められる。

さらに、観光交流による地域振興は、まさに先述した「着地型観光」の発想であるが、受け地から発想する「着地型商品の開発」が今後さらに重要性を増していくものと考えられる。

旅行業は、単に旅行素材を組み合わせて提供するだけの機能から、新しい形の観光形態への対応を含め、社会的要請に応え得るための機能を有していくことが必要である。

販売チャネルの拡大、需要喚起：
ここでいう「販売チャネルの拡大」は、旅行会社の店舗網がサプライヤーの販売網としての機能を果たすということである。また、企画旅行の採用や、旅行パンフレットへの掲載をすることで「需要喚起」が期待される。

ヘルスツーリズム：病気やけがの治療・療養のほか、美容、ストレス解消、体力増強など健康の増進を目的とした観光行動をいう。健康志向の高まりとともに、温泉や自然との触れ合いなど、旅行そのものの医学的効果が見直されていることも拡大の要因となっている。

Check

- □ 旅行会社と旅行者および、旅行素材の提供者（サプライヤー）の三者は、どのような位置づけですか。
- □ 旅行業法による旅行業の定義はどのようなものですか。
- □ 旅行業法に規定されている旅行業の種別にはどのようなものがありますか。
- □ 「着地型旅行」の意味と、その意義はどのようなものですか。
- □ 「募集型企画旅行」と「受注型企画旅行」で異なるのはどのような点ですか。
- □ 日本において、「パッケージ・ツアー」はどのように進展してきましたか。
- □ 「ホールセラー」「リテーラー」「総合旅行会社」の流通機能はどのようなものですか。
- □ 「店頭販売」「渉外セールス」とはどのようなものですか。
- □ 旅行者、旅行素材の提供者（サプライヤー）のそれぞれから見た旅行会社の利点はどのようなものですか。
- □ 今後、旅行会社に求められる役割はどのようなものですか。あなた自身でも考えてみてください。

（太田実）

5 / 遊園地・テーマパーク

1 余暇とテーマパーク事情

「少子化時代のキッズレジャー」を特集した日本生産性本部の『レジャー白書2016』では、子どものレジャー参加率の上位5位までを発表した。これによると、女子は5～9歳で3位、10～14歳で1位、男子は5～9歳で3位とあるが、15～19歳になると5位以内には入っていない。男子で中学生、女子は高校生になるころには遊園地やテーマパークが上位ではなくなり、男子はテレビゲーム、女子はSNSの利用が1位に来る。

その理由は、親と一緒に行き、親の金で行動できるうちは利用できるが、親から離れ、自分のお小遣いで遊ぶようになると、交通費や飲食代を含めれば1万円近くにもなるテーマパークは利用しにくくなるのではないかと推察できる。

レジャー施設のターゲットであるはずの若者は、学費はもちろん、最新の携帯電話の購入やそれに伴う通信費、ファッションにお金がかかり、友人やゼミでの特別なイベントや春休みや夏休みの節目としての利用以外は、候補地としては挙がらないなどという学生も多く、アルバイト1日で稼ぐ金額以上の出費を抑えるために質素、倹約に励み、娯楽にかける出費を自重するとのことだ。

レジャー産業の現況を読み解くと、**モノ消費**から、感動や思い出と一緒になった**コト消費、トキ消費**に支出を惜しまない傾向になってきたことをうかがい知ることができる。

世界的に目を転じれば、近年、「ハードツーリズム」が勢いを増している。「ハードツーリズム」とは、カジノ等の施設でギャンブルに興じたり、テーマパークでアトラクションを楽しんだり、豪華ホテルに泊まってホテルライフを満喫したりするなど、人工的につくられた施設や空間を楽しむ余暇の過ごし方である。これに対し、自然や歴史に触れたり、世界遺産を巡ったり、生活や食文化を楽しんだりするなど、地域の資源を活用した観光を「ソフトツーリズム」という。

アジアにおいても、ハードツーリズムが活況だ。「韓国ロッテワールド」（1989年開園）、「香港ディズニーランド」（2005年開園）、「ユニバーサル・スタジオ・シンガポール」（2010年開園）に続き、中国・上海などアジアでは最大8都市で開設が進められている「キッザニア」をはじめ、タイではア

余暇： 英語の "leisure"（レジャー）。1日24時間の生活時間から、睡眠・食事・仕事や学業・通勤通学時間を差し引いた自由に使える時間。余暇時間を趣味や消費活動に使う場合を積極的レジャー、休息などに使う場合を消極的レジャーという。

モノ消費／コト消費（体験型消費）： 商品を所有することに価値を求める消費行動を「モノ消費」、商品を所有することよりも娯楽性や体験性、物語性などに価値を求める消費行動を「コト消費」という。テーマパークへ行くことは感動したり、体験を楽しんだりする典型的な「コト消費」の消費行動である。

トキ消費（時間型消費）： ハロウィンや聖地巡礼等、同じ趣味嗜好を持つ者と一緒に今その場で、その時間でしか味わえない「非再現性」「参加型等による」「盛り上がり」を楽しむ消費。

メリカ・アニメ専用チャンネルのカートゥーンネットワークの**キャラクター**を題材にしたウォーターパーク「カートゥーンネットワーク・アマゾン」(2014年開園)、マレーシアでは「レゴランド」(2012年開園)、「アングリーバード・アクティビティ・パーク」(2014年開園)、「20世紀フォックスワールド」(2016年開園)、中国では「上海ディズニーランド」(2015年開園)等、テーマパークの新設や増設計画が相次いでいる。

こうした背景には、**カジノ**やテーマパークの誕生により大幅に観光収入が増えた**シンガポールの成功事例**を手本に、集客力の高いテーマパークをテコに、外国人観光客を誘致しようとする狙いが強く働いている。さらに中国をはじめアジア圏で急成長している中間層の「消費力」に目が向けられているからである。テーマパークの建設には巨額の投資を必要とする。アジア圏の多くの国々では、GDP(国内総生産)が低く、地元での集客が期待できなかった長い時代を経て、近年、所得水準が向上し、東京ディズニーランドが開業した1983年当時のわが国の水準に達している。この中間層の関心が、住居や自動車などのモノ消費から、**文化・娯楽の消費へ**と移ってきた。また中国全土で2億2000万人にも上る児童という巨大なターゲットに向けて、各社は開業・建設計画を発表している(0〜12歳の人口は総人口の15%といわれることに加え、一人っ子政策のため主要都市の家庭が児童に使う金額は総支出の33%というデータもある)。

レジャー施設の入場者数が増大すれば、施設周辺のホテルやツアーなど観光産業に関連したビジネスにも好循環が生まれる。次の節では、このようにレジャー消費の担い手と呼ばれ、躍進著しいテーマパーク産業について概観する。

② テーマパークとは

テーマパーク(theme park)と遊園地の共通点は、**ライド**(乗り物)を中心に**遊戯施設**を配置し、娯楽を提供している点にある。相違点は、テーマパークが特定の非日常的なテーマに基づいてつくられていることであり、娯楽内容から建物、登場キャラクター、従業員のサービス、販売する商品まで、すべてが特定のテーマに基づき、物語性を持たせた巨大な施設ということである。テーマは外国の建物や文化、日本の文化や歴史、各種職業体験、映画、物語、食などをベースに演出されている(図表Ⅲ-5-1、Ⅲ-5-2)。

また乗り物中心の遊園地に対し、テーマパークはあらゆる世代が楽しめるような**アトラクション**を配置している。そのため、広大な土地と巨額の先行投資が必要となる。投資回収には来園者の滞留時間を長くし、一人当たりの消費単価を増やす必要があり、遊園地での平均の消費単価が3000

キャラクター：　物語や漫画、映画、アニメ、ゲームなどのフィクションに登場する人物や動物、ロボット等のこと。企業や団体等が販売促進のため独自にキャラクターを開発する場合も多い。テーマパークにおいてキャラクターグッズは物販の中心商品である。

カジノ：　ルーレットやトランプゲームなど、金銭を賭けてギャンブルを行う施設。アジアでは、マカオ、韓国、シンガポール、フィリピンなどにある。世界第1位のマカオのカジノの売上額は2015年で約3兆4790億円(前年比34.3%減)。わが国では2016年12月に統合型リゾート(IR)を推進する法案(カジノ法案)が衆議院内閣委員会で可決され、今後の行方が注目されている。

シンガポールの成功事例：　いち早く観光産業を経済成長の手段と位置づけ、国の主導で2つのIR(統合型リゾート)が2010年に開業。10年前と比較すると2013年の観光客は2.5倍、観光収入は3.4倍に伸びている。

文化・娯楽の消費へ：　近年、アジア各国では所得水準の向上に従い、特に都市圏では文化・娯楽サービス費の支出が著しく伸び、生活のスタイルが先進国化してきている。なかでも国内外の旅行支出が増え、テーマパーク目的の旅行も増えている。

ライド：　遊園地やテーマパークの乗り物を指す。コースター、観覧車、メリーゴーランド、バイキング、フライングカーペット、モノレール、ゴーカート等のこと。

遊戯施設：　ライドや公園に設置されているような遊具(ブランコや滑り台)、ゲーム場などを指す。広義には遊園地内のプールやスケートリンクなどの施設も含む。屋内型と屋外型がある。

アトラクション：　ライドとほぼ同義に使われるが、テーマパークでは単なる乗り物ではなく、テーマに基づいてつくられた乗り物のこと。また乗り物に限らず、映像、展示など、入園者を楽しませる施設全般を指す。

Ⅲ　主要な観光事業

写真Ⅲ-5-1　二子玉川園（1954年）　　写真Ⅲ-5-2　多摩テック（昭和30年代）　　写真Ⅲ-5-3　後楽園

図表Ⅲ-5-1　テーマパークの定義

①特定のテーマを持っていること
②非日常的であること
③隔離された空間を持っていること
④遊具から施設・設備、景観、登場キャラクター、従業員のサービス、販売商品まで、すべてが特定のテーマに基づいていること

図表Ⅲ-5-2　テーマパークのテーマ分類例

外国	ハウステンボス（オランダ）、志摩スペイン村
ファンタジー	東京ディズニーランド
キャラクター	ハーモニーランド
歴史	日光江戸村、登別伊達時代村
映画	ユニバーサル・スタジオ・ジャパン
宇宙	スペースワールド
職業体験	キッザニア、イオンファンタジー
食	ラーメン博物館、カレーミュージアム

〜5000円に対し、テーマパークは5000〜1万円と倍である。売上高の内訳は、遊園地では入場料・施設利用料が6割強を占めるが、テーマパークでは4〜5割。残りの収入を飲食や物販収入に依存している。

③　テーマパークの歴史と現状

１）欧米におけるテーマパーク産業の成立

　欧米におけるテーマパークは、1843年に建設されたデンマーク・コペンハーゲンの「チボリガーデン」が起源とされている。時の国王クリスチャン8世の家臣であったゲオ・カーステンセンが、階級の差別がなく、誰でも楽しめる場所として市民のために娯楽施設を開園したのが始まりと伝えられ、作家のハンス・クリスチャン・アンデルセンもしばしばここを訪れ、童話の構想を練ったといわれている。テーマは「夢と幻想」であり、今日なお高い人気を誇っている。

後に、このチボリガーデンを訪れたアメリカのウォルト・ディズニーは、チリ一つなく、配慮も行き届き、いるだけで楽しくなるこのパークを参考に、大人から子どもまで一緒に楽しめ、世界中の人々から愛されるファミリーパークを構想したといわれている。そして 1955 年 7 月にカリフォルニア州のアナハイムで 160 エーカーの敷地に「ディズニーランド」を開業した。初日から画期的な賑わいを見せ、すべてのテーマパークはここから始まったといわれている。この成功に甘んずることなく、1971 年 10 月、フロリダ半島の中心部オーランドにおいて、地上最大のドリームパーク**ウォルト・ディズニー・ワールド・リゾート**をオープンし、テーマパークは確固たる産業の地位を築いていったのである（図表Ⅲ-5-3）。

ウォルト・ディズニー・ワールド・リゾート：4 つのテーマパーク、2 つのウォーターパーク、20 以上のリゾートホテル、ゴルフコース、サーキット等を併せ持つ世界最大のアミューズメントリゾート。世界のテーマパークの中でも圧倒的な規模と集客を誇っている。

ウォルト・ディズニーのディズニーランド開業時の言葉

「幸福の国へようこそ。ディズニーランドは皆さんの国です。ここでは年長の方は古き良き時代を懐かしむことができ、若者たちは未来への挑戦を夢に思いを馳せることができます。ディズニーランドは、アメリカを築いた夢と理想。そして確かな歩みに捧げる贈り物です。世界の人々の喜びと成功の源となることを願っています」

2）わが国におけるテーマパーク産業の成立

わが国においては、愛知県犬山市で 1965 年に開業した「博物館明治村」をはじめ、京都市の「東映太秦映画村」（1975 年開業）、犬山市の「リトルワールド」（1983 年開業）をテーマパークの起源とする説もあるが、事業として確立したテーマパークの歴史は浅く、「東京ディズニーランド」（以下、TDL）が誕生した 1983 年をわが国の**テーマパーク元年**と呼ぶようになった。

TDL の誕生以前の施設を「レジャーランド」という視点で、その歴史を概観してみよう。民間鉄道会社である宝塚電車（現在の阪急電鉄）による、沿線開発、乗客増を目的として開業した遊園地「宝塚ファミリーランド」（1911 年開業）を緒とし、1955 年開業の「後楽園ゆうえんち」に代表される

テーマパーク元年：TDL と長崎オランダ村の開業をもって、後に 1983 年を「テーマパーク元年」と呼ぶようになった。TDL の開業以前、「テーマパーク」という言葉自体、わが国ではなじみのない言葉であったが、TDL の広告宣伝活動で盛んに使われ、以降、遊園地と区別されるようになった。

写真Ⅲ-5-4　二子玉川園（1962 年）

写真Ⅲ-5-5　あらかわ遊園

写真Ⅲ-5-6　後　楽　園

Ⅲ　主要な観光事業

図表Ⅲ-5-3　主な遊園地・テーマパークの開業年次と現状

開園年	名称（⇒は名称変更）	備　　　考
1910年	ひらかたパーク（大阪）	2013年、新園長にV6岡田准一就任、年間来園者100万人を目指す
1911年	宝塚新温泉⇒（1960年）宝塚ファミリーランド（兵庫）	2003年閉鎖
1922年	あらかわ遊園（東京）	90年以上の歴史のある東京23区内唯一の区立遊園地
1926年	豊島園⇒「としまえん」（東京）	ジャパンコスプレフェスティバル等のイベント企画で根強い人気
1927年	小田急向ヶ丘遊園（神奈川）	2002年閉園
1955年	後楽園ゆうえんち⇒（2003年）東京ドームシティアトラクションズ（東京）	都市型テーマパークに転換
1961年	奈良ドリームランド（奈良）	2006年閉園
	多摩テック（東京）	2009年営業終了
	富士五湖国際スケートセンター⇒（1964年）富士急ハイランド（山梨）	絶叫マシンの宝庫として根強い人気
1964年	よみうりランド（東京）	2016年、新エリア「グッジョバ!!」オープン
	横浜ドリームランド（神奈川）	2002年閉園
1966年	ナガシマスパーランド（三重）	絶叫マシンから、ファミリーや子どもが楽しめるものまで、多彩なアトラクションが魅力の西日本最大のレジャーランド
	三井グリーンランド遊園地⇒（2007年）グリーンランド（熊本）	九州最大級規模の遊園地
1967年	東京サマーランド（東京）	南国ムード満点の屋内型レジャーランドとしてオープン敷地内に開園した東京セサミプレイスは2006年閉園、東京ムツゴロウ動物王国は2007年閉園
1969年	那須ハイランドパーク（栃木）	当初、スポーツ公園としてオープン。1979年、ライドパークにリニューアルオープン。北関東最大規模の遊園地
1972年	エキスポランド（大阪）	死傷事故の影響で2009年閉園
1975年	東映太秦映画村（京都）	日本初、時代劇撮影を見学し、時代劇の世界をオープンセットやイベント、アトラクションを通じて体験できる
1981年	神戸ポートピアランド（兵庫）	2006年閉園
1983年	東京ディズニーランド（千葉）	2001年東京ディズニーシー開業
	長崎オランダ村（長崎）	2001年閉園
1986年	日光江戸村（栃木）	江戸時代の文化・生活をテーマ
1989年	グリュック王国（北海道）	2007年閉園
1990年	スペースワールド（福岡）	2005年民事再生法手続きを開始。加森観光に営業権を譲渡。2017年末閉園
	カナディアンワールド（北海道）	1997年閉園。1999年から「芦別市カナディアンワールド公園」として市営公園に
	サンリオピューロランド（東京）	全天候型キャラクターテーマパーク
1991年	レオマワールド（香川）	2000年無期限休園後、2004年NEWレオマワールドとして再開
	ハーモニーランド（大分）	サンリオの屋外型キャラクターテーマパーク
1992年	ハウステンボス（長崎）	2003年会社更生法適用申請。現在はHISが再建
	呉ポートピアランド（広島）	1998年閉園。市民公園に
	登別伊達時代村（北海道）	「北海道で“江戸トリップ体験！”」がテーマ
1993年	東武ワールドスクウェア（栃木）	世界の建物・遺跡をミニチュアで再現し、1日で世界を巡る世界一周の旅がテーマ
	伊勢戦国時代村⇒（2008年）伊勢安土桃山文化村（別名ちょんまげワールド伊勢）（三重）	萩本欽一が一部プロデュース
	新潟ロシア村（新潟）	2003年末休業状態、2004年閉園
	アジアパーク（熊本）	2000年閉園

1994 年	新横浜ラーメン博物館（神奈川）	日本初のフードテーマパーク
	志摩スペイン村（三重）	プロ野球球団「近鉄バファローズ」を消滅させても現存
1995 年	ネイブルランド（福岡）	1998 年閉園
	鎌倉シネマワールド（神奈川）	1998 年閉園
1996 年	ウルトラマンランド（熊本）	2013 年閉園、円谷プロダクション直営のウルトラシリーズがテーマ
	加賀百万石時代村（石川）	2006 年閉園
	ナムコ・ナンジャタウン⇒（2013 年）ナンジャタウン（東京）	池袋のサンシャインシティ内の屋内型テーマパーク
	柏崎トルコ文化村（新潟）	2004 年閉鎖
1997 年	倉敷チボリ公園（岡山）	2008 年閉園
	富士ガリバー王国（山梨）	2001 年閉鎖
2001 年	横濱カレーミュージアム（神奈川）	2007 年閉館
	ユニバーサル・スタジオ・ジャパン（大阪）	2014 年新エリア「ハリー・ポッター」オープン（450 億円）
2006 年	キッザニア東京（東京）	2009 年キッザニア甲子園（兵庫県西宮市）オープン
2016 年	スヌーピーミュージアム東京（東京）	スヌーピーファンの聖地・シュルツ美術館の世界初の分館
2017 年	レゴランド・ジャパン（愛知）	2017 年 4 月オープン
2018 年	metsä（メッツァ）（埼玉）	テーマはムーミン。2018 年と 2019 年（予定）に 2 つのエリアがオープン

注：2018 年 12 月 1 日現在

ように、家族で楽しむ娯楽のシンボルとして大規模な遊園地が都心部をはじめ、地方で拡大していった。当時はロケット・コースターを代表格に、スリルとスピードが人々を魅了した。家族で遊園地に行くことは、子どもだけでなく、親にとっても晴れがましいイベントであった。

　その後 1960 年代後半には**一億総中流意識**が芽生えるも、マイホームやマイカー、各種家庭電気製品の購入などローンが家計を圧迫したうえ、オイルショックも重なり、お金のかかる遊園地は敬遠されるようになり、徐々に家族での「お出かけの場」としての主役の座を降り、成長（発展）期に終わりを告げていった。そこで 1970 年代後半には、さらに高速化したスピードとコークスクリュー、ループ、スタンディングといった新種のコースターを投入した結果「絶叫マシンブーム」が起き、ターゲットは若者へと変化していった。しかし全国各地の遊園地がこの絶叫マシンを導入したことにより同質化を招き、集客数を落としていた時、敷地面積 82.6 ヘクタール、施設・設備に 1800 億円を投じた TDL が開業（1983 年）。遊園地は衰退期に突入し、経営に行き詰まるようになった。

　日本中のファンが待ち望んでいた TDL は、年間 1000 万人の集客を実現し、この成功例から全国各地でテーマパークの建設ブームが起こった。その理由は明白である。バブル経済の中でのリゾート開発と地域活性化（雇用の増大と経済効果）の有力な手段として、またバブル崩壊後は景気回復のカンフル剤として、全国にさまざまなテーマパークが計画、建設されたのであった。テーマパークはバブル期と重なる 1980 年代後半から 1990 年

一億総中流意識：　大多数の日本国民において、自分は中流階級に属していると考えている意識のこと。高度経済成長のもと、1960年代後半ごろに広がり始め、1970年代に根づいたといわれる。現在は、「格差社会」に変貌している。

Ⅲ　主要な観光事業

代前半の 10 年間に、一挙に 40 近く開業した。TDL の成功で重厚長大型産業などが新規参入し、「炭鉱から観光へ」の号令のもと、過疎や高齢化などに悩む地方でテーマパークを伴うリゾート構想ブームが起きた。また 1987 年に制定された総合保養地域整備法（リゾート法）は自治体への助成や税制上の優遇措置をうたい、ブームの追い風となった。

しかし白紙に戻された計画も相次ぎ、また誕生したテーマパークの多くが、開業から 10 年も持たず閉鎖や経営破綻するケースが多かった。いったいなぜだろうか。結局、魅力あるコンセプトが打ち出せず、計画自体がずさんであったことが指摘されている。当時は、民間と地方公共団体が出資して設立した**第三セクター**方式で進められた計画も多く、こうした組織はレジャー産業の素人集団であった。このため外部コンサルタントを招き、甘い投資回収計画を承認し、巨額の費用を投入しスタートした。経営不振に陥るのは明らかであった。

オープンすれば物珍しさから 1 年くらいは客足が良好でも、初期投資がかかるうえに、利用客を飽きさせないように、常に新しいアトラクションを導入しなければならない。エキスポランドで起きたジェットコースター**死亡事故**でも明らかなように、来園者が安全で快適な時間を過ごすためには、運営側の整備やリニューアルが欠かせない。客を集める力と資本力がなければ、簡単には利益が上がらない事業なのである。

３）わが国のテーマパーク産業の現状

2001 年のユニバーサル・スタジオ・ジャパン（USJ）開業以来、TDR（東京ディズニーリゾート）と USJ の東西二強時代が続いている。

USJ は 2018 年 1 月、9 年連続で値上げし、1 日券は大人で 7900 円（税込み）となった。一方、TDR では入園者数は、2013 年度以降、5 年連続で 3000 万人を超え、2014 年からは 3 年連続で入園料を値上げし 7400 円（税込み）となった。その後、2016 年度の TDL と TDS の入園者数は前年度比 0.6％減となり、それ以降は値上げを見送っている。入園者数が減った理由としては悪天候が続いたなどいくつかの要素が考えられるが、一つは人気があるゆえに、混雑が常態化し、長時間待たされるアトラクションも増え、顧客満足度が下がった影響がある。産官学でつくる「サービス産業生産性協議会」によると、2013 年度は 1 位だった TDR の顧客満足度は、2017 年度は 36 位まで順位を下げた。

TDR を運営するオリエンタルランドは、こうした状況を変えようと TDS の大規模拡張計画を発表した。混雑を緩和させ、顧客満足度が上がれば、入園料を再び値上げすることも検討している。USJ においても任天堂のキャラクターとその世界観をテーマにした、「SUPER NINTENDO WORLD」の開業計画を発表するなど集客に余念がない。

第三セクター：　第一セクター（国および地方公共団体が経営する公企業）や第二セクター（民間企業）とは異なり、国や地方公共団体と民間の共同出資による事業体のこと。略称三セク（さんセク）。

死亡事故：　2007 年、エキスポランドで金属疲労により発生した悲惨な死亡事故を契機に、国は全国にある同様の施設の緊急点検を指示。この事故によって多くの類似施設での、安全意識の欠落、定期点検実施頻度、点検項目・内容の不備など、運営上の課題が指摘された。この事故によりエキスポランドは閉園に追い込まれた。

しかし、年間を通じて1000万球の電飾を使ったイルミネーション「光の王国」や花のイベントでシニア層や家族連れから多くの支持を得た「ハウステンボス」の健闘、「こどもたちの、こどもたちによる、こどもたちの国」をうたった職業体験テーマパーク「**キッザニア**」や、名古屋市港区の「LEGO」をテーマにした屋外テーマパーク「レゴランド・ジャパン」の開業等、新しいテーマパークが躍進している。

また、小規模ながら人気を集めているのが**フードテーマパーク**である。1994年開業の「新横浜ラーメン博物館」を皮切りに、カレー、ラーメン、餃子等、身近な料理と懐かしさを感じる空間が好評で、その後全国各地で矢継ぎ早にアイスクリーム、デザート、たこ焼き、肉等をテーマにした新たなフードテーマパークの開業が増加している。このテーマパークの特徴は、全国各地の人気店を集めた単なるフードコートではなく、食文化の伝承者としての演出と空間・雰囲気づくりに注力していることである。さらに、リピーター確保のため、飽きることのない新鮮味を打ち出しているのが人気の秘密であろう。

④ 富士急ハイランド入園料無料化と未来計画

スリルとスピードをウリにした富士急ハイランドは2018年7月14日から入園料（中学生以上1500円、3歳以上900円、いずれも税込み）を無料にした。入園料とアトラクションの乗り放題がセットになった1日利用のフリーパス（18歳以上は5700円）の料金は変更せず、さらに年間フリーパスは、18歳以上が5万円から1万7100円に、12〜17歳が4万5000円から1万5600円と大幅に値下げした。

一方でアトラクション単体の料金は値上げされた。例えば「ええじゃないか」など人気の四大ジェットコースターは1000円から1500円となった。これにより、フリーパスの「お得感」が強まり、絶叫マシンが好きなコアなファンには影響を与えず、リピーターをさらに増やすのが狙いだ。園内では数年前から飲食店の改修やメニューの見直しを行っており、ファストフード中心から、レストランで郷土料理を楽しめるように変えてきた。入園料という垣根をなくすことで、気軽に立ち寄り、充実させた飲食・物販の売上げを増やして、年間約2.5億円の入場料収入の一部を補うという戦略だ。つまりウリである絶叫マシンの利用者が若者中心であることを考えれば、前述した不安材料は無視できない。そこで、絶叫マシンに乗れない人でも、園内のイベントやレストラン、一つだけアトラクションを利用してみようという新たな需要を増やすために、入園料という垣根を取り払ったのである。

さらにもう一つ「秘策」がある。都市部にない富士急ハイランドは、近

キッザニア：　1999年メキシコに第1号がオープン。児童を対象にさまざまな職業を模擬体験することができるテーマパーク。わが国では東京（2006年開業）と甲子園（2009年開業）にある。2014年4月で累計入場者数が1000万人を超えた。

フードテーマパーク：　特定の種類の料理や食べ物のジャンルに特化し、外食専門店を集めた屋内型の施設。全国の有名店を集める場合と出店者のエリアを限定する場合がある。非日常的な空間、低予算で楽しめる手軽さが人気。新横浜ラーメン博物館は、2014年開館20周年を迎え、累計入場者数が2000万人を超えた。

くにある富士山を目当てに訪れる訪日外国人旅行者をどれだけ取り込めるかというのも今後の成長には不可欠だ。入園料という垣根を取り払うことで「まずは入ってもらう」ということを狙ってくるのは必然だ。富士急ハイランドは、「フジQあっぱれ未来計画！完成予定は3030年⁉」というCMをネット上で配信している。富士急行は無料化の発表時に「従来の遊園地の枠を超えた開かれた施設へと変え」「周辺の様々なコンテンツと自由に組み合わせて」「富士五湖エリアを回遊してもらい」というコンセプトを発表した。確かに、富士急ハイランドを含む富士急グループは、富士山麓一帯で、鉄道やバスなどの交通機関、ホテルや温泉、美術館に加え、河口湖の遊覧船、ロープウェイ、さらには富士山のふもとにある「富岳風穴」「鳴沢氷穴」などの観光施設も運営している。この各施設を一つのアトラクションと考え、富士急ハイランドを含めた富士山麓一帯を巨大な富士山のテーマパークとしてとらえることもできる。これまでも地方の温泉街が周辺のテーマパークなどと合わせて「一つのテーマパークとして考えてほしい」というメッセージを発したこともある。しかし、柵やフェンスで囲われた施設内で一つの世界観を表現するのであれば伝わりやすいが、各施設が広域に散らばっている場合、それらをつなぐテーマ性に乏しく、テーマパークと認識してもらうのは難しい。地方の観光地では訪問客に周遊観光をうながしたうえでなるべく滞在してもらい、宿泊施設などの収益も上げようという取組みが多く行われているが、周遊観光も各施設を巡る必然性や仕掛けがないと利用促進にはつながらない。

　富士急行では、富士山麓の複数の"アトラクション"を、利用者に限り無料で利用できる専用のバスも走らせ、周遊させる仕掛けをすることで、こうした課題にも取り組んでいる。さらにいえば、これに加え、今後はこうしたアトラクションすべてを巡ることができるフリーパスもあれば、周遊させる仕掛けの一つになるかもしれない。

5　今後の課題

　テーマパーク事業が持続的に発展し衰退期を迎えないためには、時代の

写真Ⅲ-5-7　おさるの電車（1974年）

写真Ⅲ-5-8　小山ゆうえんち

移り変わりとともにレジャーランドの姿もまた変わっていくのであろう。どの時代でも人は「楽しさ」を求める。レジャー施設の魅力は各テーマに基づく非日常の世界を体験することであり、利用客にまた来たいと思わせる仕掛けづくりが肝要である。そのため記念のイベントや新アトラクションの導入も確かに大事ではある。しかし時代の移り変わりとともに求められる社会のニーズを的確にとらえ、新しい可能性を探っていく姿勢がなければ、斜陽の始まりとなる。われわれに寿命があるように産業も「誕生」「成長」「成熟」の期間があり、やがては「衰退」「終焉」を迎えてしまうのだ。終焉を迎えないために、必要なことは、今を否定し変革することである。

Check

- ☐ 遊園地とテーマパークの違いについて述べてください。
- ☐ テーマパークの「テーマ」にはどのような種類があるか挙げてください。
- ☐ テーマパーク事業を行ううえで、重要な点について説明してください。
- ☐ ハードツーリズムとソフトツーリズムについて述べてください。
- ☐ わが国の「テーマパーク元年」について説明してください。
- ☐ TDR を参考に、テーマパークビジネスの成功要因を挙げてください。
- ☐ 老舗遊園地が生き残れなかった理由を述べてください。
- ☐ バブル期以降に乱立したテーマパークの問題点を挙げてください。
- ☐ 利用者がテーマパークで安心・安全に過ごせるための運営上の対策を挙げてください。
- ☐ テーマパークの新しい潮流を述べてください。

（白土健）

Ⅲ 主要な観光事業

コラム 6

職業体験型テーマパーク

　キッザニアのコンセプトは、"エデュテインメント"（エデュケーション〔教育〕性とエンターテイメント〔娯楽〕性を兼ね備えた概念）である。子どもが、疑似的にさまざまな職業を体験し、働いて賃金を稼ぐことの意味や、経済や社会の仕組みを楽しみながら学ぶテーマパークである。

　キッザニアの第1号施設は、1999年にメキシコシティで誕生した。創業者は、メキシコ人で、ハビエル・ロペス・アンコナー（Xavier Lopez Ancona）。日本上陸は、2006年に最初の施設が東京豊洲に、その後、2009年には、兵庫県甲子園に設立されている。キッザニアの世界展開は、日本を皮切りに始まり、2018年8月現在、19カ国、24拠点にまで拡大している。

　現実社会の約3分の2のサイズでつくられた街の中には、新聞社、病院、警察署、デパートなど実在の企業によってスポンサードされた約60のパビリオンが建ち並ぶ。子どもたちは、約90種類以上の職業から、自ら選んで職業体験をすることにより、専用通貨キッゾを稼ぎ、この通貨を使い、デパートパビリオンでの買い物やさまざまなサービスを購入・消費するという社会体験ができる。加えて、電子マネーでの支払いや、銀行口座を開設し、ATMの利用や口座への預金、年2回の金利付与により貯蓄を増やすことなどを体験する。こうした体験を通して、子どもたちは、お金を稼ぐことの意味や、自分で働いたお金を使うことの喜び、仕事をするうえでの職場のチームワーク、人とのコミュニケーションや、マナーとしての挨拶が大切であること、数ある職種の中から自身で仕事を選ぶ自立心など、あたかも新社会人が社会で第一歩を踏み出すような疑似体験を通してさまざまなことを学ぶ。

　このようなキッザニアは、社会貢献型のビジネスとして完成度が高い。スポンサーとしてパビリオンを提供する企業と、子どもの教育視点を重視する保護者、および、スポンサー収入と入場料収入といった複数の安定した収益源を持つ施設運営をするキッザニアの3者にとって、WINWINの関係が成り立つ秀逸なビジネスモデルである。

　ここで、別の視点でこのビジネスモデルを考察したい。2013年にオックスフォード大学の研究者から、今後10年で消えゆく可能性が高い職業が多数発表された。これは、AI（人工知能）の進化に応じて、人の仕事をAIが代替するようになることを示していると同時に、近い将来、われわれの職業観に、多大な変化が訪れることを示唆している。

　必ずしもキッザニアで体験できる職業が消えゆく職業と重なるわけではないが、キッザニアでは、子どもが理解しやすい職業で、ユニフォームなどがビジュアル的なアイコン（医師や警察官、消防士）になり、明確な成果物（自ら調理してつくったピザ・ハンバーガー、自ら組み立てた眼鏡など）が体験の後にもらえるパビリオン（職業体験）が受け入れられやすい。

　現在の仕事の約半分が AIに取って代わられることが想定される10年後以降、今と同じスタイルの職業体験型テーマパークに、保護者や企業が興味を持ち続けることは難しくなるであろう。その時、時代に合わせてどう進化を取り込めるかが、職業をテーマにして、人気を保ってきたキッザニアの大きな岐路である。

（関口陽介）

引用・参考文献

Ⅰ部1章　観光学と観光の歴史

アーリ，ジョン著，加太宏邦訳『観光のまなざし―現代社会におけるレジャーと旅行』法政大学出版局、1995年

石森秀三編『観光の二〇世紀』ドメス出版、1996年

運輸省編『観光事業の話』運輸省、1947年

神崎宣武『江戸の旅文化』岩波新書、2004年

白幡洋三郎『旅行ノススメ』中公新書、1996年

スミス，ヴァレン・L編，市野沢潤平・東賢太朗・橋本和也訳『ホスト・アンド・ゲスト―観光人類学とはなにか』ミネルヴァ書房、2018年

園田英弘『世界一周の誕生―グローバリズムの起源』文春新書、2003年

旅の文化研究所編『旅と観光の年表』河出書房新社、2011年

中島智・井口貢「大学の観光教育におけるPBLの位置づけと活用―「共歓」という視座の可能性」『同志社大学学習支援・教育開発センター年報』第4号、21-32頁、2013年

西澤信善『カジノ戦争』晃洋書房、2018年

蛭川久康『トマス・クックの肖像―社会改良と近代ツーリズムの父』丸善、1998年

藤原武『ローマの道の物語』原書房、1985年

ブレンドン，ピアーズ著，石井昭夫訳『トマス・クック物語―近代ツーリズムの創始者』中央公論社、1995年

フロリダ，リチャード著，井口典夫訳『クリエイティブ資本論―新たな経済階級の台頭』ダイヤモンド社、2008年

宮坂宥勝『空海　生涯と思想』ちくま学芸文庫、2003年

宮本常一『宮本常一著作集18　旅と観光』未来社、1975年

宮本常一『日本の宿』八坂書房、2006年

宮脇俊三『増補版　時刻表昭和史』角川ソフィア文庫、2015年

モーリー，ジャクリーン著，桐敷真次郎訳『古代ローマの別荘（ヴィラ）』三省堂図解ライブラリー、1993年

藻谷浩介・山田桂一郎『観光立国の正体』新潮新書、2016年

柳田国男『青年と学問』岩波文庫、1976年

山下晋司編『観光学キーワード』有斐閣双書、2011年

ランドリー，チャールズ著，後藤和子訳『創造的都市―都市再生のための道具箱』日本評論社、2003年

ルオフ，ケネス著，木村剛久訳『紀元二千六百年―消費と観光のナショナリズム』朝日選書、2010年

Jafari, J., "Research and Scholarship: The Basis of Tourism Education", *Journal of Tourism Studies*, 2003, 14(1), 6-16 Reprinted, org. 1990, 1(1), 33-41.

Ⅰ部2章　観光と地域文化

アトキンソン，デービッド『世界一訪れたい日本のつくりかた』東洋経済新報社、2017年

井口貢編著『観光学への扉』学芸出版社、2008年

岡本健「メディア・コンテンツ・観光―アニメ聖地巡礼とコンテンツツーリズム」遠藤英樹・寺岡伸悟・堀野正人編著『観光メディア論』ナカニシヤ出版、2014年

国土交通省観光庁編『平成29年版　観光白書』昭和情報プロセス、2017年

スミス，バレーン・L編、三村浩史監訳『観光・リゾート開発の人類学―ホスト&ゲスト論でみる地域文化の対応』勁草書房、1991年

谷口知司編著『観光ビジネス論』ミネルヴァ書房、2010年

増田辰良『観光の文化経済学』芙蓉書房出版、2000年

屋嘉宗彦『沖縄自立の経済学』七つ森書館、2016 年

Ⅰ部3章　観光と多文化理解
Tseng, W. S.（曽文星）著、鵜川晃・野田文隆訳「エスニックマイノリティ（民族少数派）のケアにおける文化精神医学の役割はなにか」『こころと文化』第5巻第1号、70-79 頁、2006 年
Berry, J. W., "Immigration, Acculturation, and Adaptation", *Applied Psychology*, 1997, 46(1), 5-34.
Miller, P. J., & Goodnow, J. J., "Cultural Practices: Toward an Integration of Culture and Development", *New Directions for Child Development*, 1995, 67, 5-16.
Tseng, W. S., & Stelzer, J., *Cultural Competence in Clinical Psychiatry*, 2004, American Psychiatric Publishing, Washington DC.

Ⅱ部1章　観光とマーケティング
久保田進彦・澁谷覚・須永努『はじめてのマーケティング』有斐閣ストゥディア、2013 年
高橋一夫・柏木千春編著『1からの観光事業論』碩学舎、2016 年
和田充夫・恩藏直人・三浦俊彦『マーケティング戦略』有斐閣アルマ、2016 年

Ⅱ部2章　観光の諸政策
寺前秀一編著、日本観光研究学会監修『観光学全集第9巻　観光政策論』原書房、2009 年
観光庁「地域いきいき観光まちづくり」平成18年8月、平成20年1月、平成22年2月、平成23年3月
観光庁ホームページ（http://www.mlit.go.jp/kankocho/）

Ⅲ部1章　鉄 道 事 業
北川宗忠編著『現代の観光事業』ミネルヴァ書房、2009 年
田中掃六編著『実学・観光産業論』プラザ出版、2008 年
谷口知司編著『観光ビジネス論』ミネルヴァ書房、2010 年
那須野育大『日本鉄道業の事業戦略』白桃書房、2015 年
長谷政弘編著『観光ビジネス論』同友館、1999 年
林清編著『観光産業論』原書房、2015 年
塹江隆『観光と観光産業の現状（改訂版）』文化書房博文社、2006 年
『徹底解析!!　最新鉄道ビジネス 2014』洋泉社 MOOK、2014 年
『徹底解析!!　JR 東日本』洋泉社 MOOK、2015 年
『週刊東洋経済臨時増刊　「鉄道」完全解明全真相 2016』東洋経済新報社、2016 年
『2030 年　日本の鉄道　未来予想図』洋泉社 MOOK、2017 年
『2018-20XX 年　日本の鉄道　未来年表』洋泉社 MOOK、2018 年

Ⅲ部2章　航空運送事業
ANA 総合研究所『エアラインオペレーション入門』ぎょうせい、2010 年
ANA 総合研究所編『航空産業入門』東洋経済新報社、2008 年
国土交通省『数字でみる航空 2014』航空振興財団、2014 年
国土交通省「航空行政の現状と展望 2014」
全日空広報室編『エアラインハンドブック　Q & A 100』ぎょうせい、1995 年
中村洋明『航空機産業のすべて』日本経済新聞社、2012 年
矢野経済研究所『レジャー産業白書 2016』矢野経済研究所、2016 年
ICAO, IATA アライアンスグループの各ホームページ

Ⅲ部3章　宿 泊 業
稲垣勉編著『ホテル用語事典』トラベルジャーナル、1990 年
織田順『ホテル業界のしくみ』ナツメ社、2009 年

松蔭大学観光文化研究センター編著『観光キーワード事典』学陽書房、2009 年
田中掃六編著『実学・観光産業論』プラザ出版、2008 年
仲谷秀一ほか『ホテル・ビジネス・ブック』中央経済社、2006 年
日本ホテル教育センター編『新ホテル総論』日本ホテル教育センター、1999 年
藤田観光監修『ホテル概論』ジェイティービー能力開発、2011 年
ホテル経営研究会編『ホテル旅館概論』東京観光専門学校出版、1992 年

Ⅲ部4章　旅　行　業
太田実「トラベル経営を取り巻く環境把握と主要旅行会社の販売戦略に関する考察」『松蔭大学紀要』第
　7 号、81-93 頁、2009 年
佐藤喜子光『旅行ビジネスの未来』東洋経済新報社、1997 年
ジェイティービー能力開発編『旅行業概論』ジェイティービー能力開発、2009 年
田中掃六編著『実学・観光産業論』プラザ出版、2008 年
前田勇編著『改訂新版　現代観光総論』学文社、2010 年

Ⅲ部5章　遊園地・テーマパーク
白土健・青井なつき『なぜ、遊園地は子どもたちを魅きつけるのか？』創成社新書、2016 年
白土健・青井なつき編著『なぜ、子どもたちは遊園地に行かなくなったのか？』創成社新書、2008 年
『僕たちの大好きな遊園地』洋泉社 MOOK、2010 年

索　引

■ア　行

IATA	83
ISO14001	19
アトラクション	113
アニミズム	33
アニメ聖地巡礼	10
あべのハルカス	73
アメニティ	97
新たな需要を喚起していくような営業手法	109
アリストテレス	13
ICAO	83
伊勢参宮	6
一億総中流意識	117
1 万室の客室が不足	101
一遍	6
井上勝	70
インターネット接続	97
インタープリター	23
インタープリテーション	23
ヴィラ	13
ウィリアム・メレル・ヴォーリズ	26
ウォルト・ディズニー・ワールド・リゾート	
	115
AGT	74-5
ATI	83
駅逓	14
駅ナカビジネス	74
エコツアー	22
エコツーリズム	21
SL ばんえつ物語	78-9
エドワード・バーネット・タイラー	30
FSC	88
FFP	84
MRJ	89
LRT	74-5
LCC	85
エルズワース・スタットラー	94
宴会部門の売上げ	95
オープンスカイ	83
沖縄県	21
御師	7

■カ　行

会員権	96
外資系ホテルグループ	101
カシオペア	77
カジノ	113
過疎化	21
環境アセスメント	20
観光圏	59
観光地の開発	76
観光庁	95
観光文化	25
観光まちづくり	20
観光立国	100
観光（旅行者）のまなざし	22-3
紀元 2600 年	8
キッザニア	119
軌道事業	68
貴賓会	8
キャラクター	113
空海	6
空港民営化	88
グランド・ツアー	15
グリーンツーリズム	24
グローバルアライアンス	85
経営理念	93
経済波及効果	3
兼業・生業的	96
原風景	23
講	7
広域連携 DMO	41
合意形成	25
公益社団法人日本観光振興協会	51
航空機	82
航空規制緩和	86
航空規制撤廃法	83
航空禁止令	86
高度経済成長	3
五街道	7
国際競技大会	27
国立公園	8
古代オリンピック	12

コト消費	112	ソフト面	97

■サ 行

索道事業	68
座席キロ	85
させる／させられる旅	12
サプライヤー	103
さまざまなプロモーション	100
産業革命	15
CRS	84
GDS	84
シカゴ条約	83
四国遍路	6
持続可能な観光	19
地場産業	21
渋沢栄一	8
渋谷ヒカリエ	73
死亡事故	118
市民マラソン	27
社会関係資本	26
社会文化的変数	45
ジャンボジェット機	9
修学旅行	7
重点20市場	61
収容能力	20
宿泊業	92
需要喚起	110
ジョージ・スチーブンソン	69
シルクロード	14
シンガポールの成功事例	113
新経済成長戦略	56
新交通システム	75
心理的変数	45
SWOT分析	44
スペシャル・インタレスト・ツアー	10
すべての道は、ローマに続く	13
スポーツツーリズム	26
する・観る・支えるスポーツ	27
スローフード	20
スローライフ	20
聖地エルサレム	14
世界遺産条約	18
セグメンテーション	44
全国通訳案内士	62
創造都市論	17

■タ 行

ターゲティング	46
第1回万国博覧会	15
第三セクター	118
多文化共生社会	36
単独型	98
地域DMO	41
地域連携DMO	41
チェーン型	98
着地型観光（着地型旅行）	10, 104
地理的変数	45
通過儀礼	33
テーマパーク元年	115
鉄道	15
鉄道国有法	71
鉄道事業法	68
鉄道博物館	72
鉄道網の整備例	76
テナント	97
東海道新幹線	9
東京オリンピック	105
東京スカイツリー	73
道県観光条例	55
童子教	30
TOHOKU EMOTION	78
トーマス・クック	15
トキ消費	112
独立行政法人国際観光振興機構	51
特急あそぼーい！	77
特急ゆふいんの森	77
トラベルクリニック	35

■ナ 行

2020年東京オリンピック・パラリンピック	26
二地域居住	5
日本国有鉄道法	71
日本新八景	8
日本版DMO	11
日本版DMO候補法人	41-2
日本版DMO登録制度	41
日本標準産業分類	92
『日本風景論』	8
日本民俗学	3
ニューツーリズム	11

索　引

農業・農村の多面的機能	24
野宿	92

■ハ　行

ハード面	97
バックパッカー	96
発着枠	88
ハブ＆スポーク	84
バブル経済	10
販売チャネルの拡大	110
BRT	75
BTM	108
PBL	4
飛行機	82
避難する旅	12
風土	21-2
フードテーマパーク	119
プラトン	13
文化・娯楽の消費へ	113
文化実践	31
文化的景観	21
文化変容	32
PEST 分析	43
ヘルスツーリズム	110
訪日外国人旅行者数	95
訪日旅行促進事業（ビジット・ジャパン事業）	
	107
ポジショニング	47
星数	95
「ポジティブ・オフ」運動	64
ホスト・ゲスト論	22
ホスピタリティ	94
ホスピタリティ産業	93
ホテル・リッツ	93
ボランティアツーリズム	5

■マ　行

MICE	61, 105
マスツーリズム	11
マルコ・ポーロ	14
水戸岡鋭治	78
南新助	7
宮本常一	3
モータリゼーション	9
モノ消費	112

■ヤ　行

柳田國男	4
遊戯施設	113
ユニークベニュー	62
ユニバーサルツーリズム	64
余暇	5, 112
45・47 体制	86

■ラ　行

ライド	113
リゾート	13
リゾート開発	10
リゾートしらかみ	77
リニアモーターカー	74-5
リピーター	97
旅館業法	92
旅行会社離れ	106
旅行業者代理業	104
旅行業務取扱管理者資格	2
例外規定	104
レクリエーション	5
ローマ風呂	13
ロマン主義	21

執筆者一覧

高柳　直弥　　大正大学地域創生学部講師（経営学・マーケティング論・観光事業論）

Ⅱ-1、コラム2、コラム4

大阪市立大学大学院経営学研究科後期博士課程修了（博士）。Shih Chien University（Taiwan）College of Culture and Creativity, Assistant Professor、大阪市立大学商学部特任講師、豊橋創造大学経営学部経営学科・大学院経営情報学研究科講師を経て、現職は大正大学地域創生学部講師

主要著書論文：『イノベーションマネジメント―システマティックな価値創造プロセスの構築に向けて』（共著）日科技連出版社、2011年

　　　　　　　「企業のコミュニティ・リレーションズにおける企業博物館の活用に関する考察」『広報研究』第19号、32-47頁、2015年

　　　　　　　『イノベーションの普及過程の可視化―テキストマイニングを用いたクチコミ分析』（共著）日科技連出版社、2016年

　　　　　　　「企業のコミュニケーション活動と博物館機能の観点から考察する日本の企業博物館」『広報研究』第22号、79-96頁、2018年

太田　　実　　拓殖大学商学部教授（観光産業論）　　　　Ⅰ-1①～④、Ⅲ-2、Ⅲ-4

立教大学大学院観光学研究科博士前期課程修了（修士）。株式会社矢野経済研究所上級研究員、松蔭大学准教授を経て、現職は拓殖大学商学部教授（兼任にて大正大学人間学部特任教授）

主要著書：『ベンチャー起業論』（共編著）税務経理協会、2007年

　　　　　『国内旅行業務取扱管理者』（単著）MHJ出版、2015年

　　　　　『新現代観光総論』（共著）学文社、2015年

　　　　　『こども文化・ビジネスを学ぶ』（共編著）八千代出版、2016年

中島　　智　　羽衣国際大学現代社会学部専任講師（観光学・文化政策）　　Ⅰ-1①～④、Ⅰ-2

同志社大学大学院総合政策科学研究科博士課程（後期課程）中途退学。東京立正短期大学現代コミュニケーション学科専任講師を経て、現職は羽衣国際大学現代社会学部専任講師（兼任にて京都文教大学総合社会学部非常勤講師）

主要著書：『観光学への扉』（共著）学芸出版社、2008年

　　　　　『観光ビジネス論』（共著）ミネルヴァ書房、2010年

　　　　　『観光文化と地元学』（共著）古今書院、2011年

　　　　　『こども文化・ビジネスを学ぶ』（共著）八千代出版、2016年

小長谷悠紀　　高知県立大学文化学部教授（観光学・観光まちづくり論）　　Ⅰ-1⑤
立教大学大学院観光学研究科観光学専攻博士課程後期課程単位取得退学　博士（観光学）
主要著書：『レジャーの空間』（共著）ナカニシヤ出版、2009 年
　　　　　『観光を学ぶ』（共著）八千代出版、2015 年

鵜川　晃　　大正大学人間学部准教授（多文化共生）　　Ⅰ-3
大正大学大学院人間学研究科　博士（人間学）
主要著書訳書：『あなたにもできる外国人へのこころの支援』（共著）岩崎学術出版、2016 年
　　　　　　　『移住者と難民のメンタルヘルス―移動する人の文化精神医学』（共訳）明石書店、2017 年

古賀　学　　松蔭大学観光メディア文化学部教授（観光計画論）　　Ⅱ-2
東京農業大学農学部卒
主要著書：『観光カリスマ』（共著）学芸出版社、2005 年
　　　　　『観光実務ハンドブック』（共著）丸善出版、2007 年

松岡　弘樹　　学校法人豊昭学園東京交通短期大学学長（商法・会社法）　　Ⅲ-1
東洋大学大学院法学研究科私法学専攻博士後期課程満期退学　修士（法学）
主要著書：『基本商法＆会社法』（共編著）八千代出版、2007 年
　　　　　『ベンチャー企業経営論』（共編著）税務経理協会、2009 年

山下　光二　　元・全日空空輸株式会社専務取締役
　　　　　　　　元・流通科学大学サービス産業学部・常葉大学経営学部教授（交通事業論・観光学）　　Ⅲ-2
中央大学経済学部卒
主要著書：『ホテル業の現状と将来』（共著）柴田書店、1993 年
　　　　　『やればできる―ホテ研が吼える』（共著）オータパブリケイションズ、2002 年

白土　健　　大正大学人間学部教授（観光学基礎論）　　Ⅲ-2、Ⅲ-3、Ⅲ-5、コラム 5
多摩大学大学院経営情報学研究科修了　修士（経営情報学）
主要著書：『なぜ、遊園地は子どもたちを魅きつけるのか？』（共著）創成社新書、2016 年
　　　　　『エクセレント・サービス＋（プラス）』（共著）創成社、2016 年

宮澤　光　　NPO 法人 世界遺産アカデミー主任研究員（世界遺産論）　　コラム 1
北海道大学大学院国際広報メディア研究科博士後期課程満期単位取得退学
主要著書：『すべてがわかる世界遺産大事典』（共編著）マイナビ出版、2016 年
　　　　　『はじめて学ぶ世界遺産 50』（編著）マイナビ出版、2017 年

関口　陽介　　日本コンベンションサービス株式会社広報室長兼 MICE 都市研究所長
　　　　　　　　立教大学観光学部兼任講師　　コラム 3、コラム 6
立教大学大学院ビジネスデザイン専攻修了　MBA
主要著書論文：『観光のビジネスモデル』（共著）学芸出版社、2011 年
　　　　　　　「社員研修を活用した地方創生事業の取り組みに関する一考察―サービス・ドミナント・ロジック
　　　　　　　の観点から」（共著）『余暇ツーリズム学会誌』第 4 号、17-24 頁、2017 年

新時代の観光を学ぶ

2019 年 2 月 25 日第 1 版 1 刷発行

編著者 －	高柳　直弥	
	太田　　実	
	中島　　智	
発行者 －	森口　恵美子	
印刷所 －	三光デジプロ	
製本所 －	グリーン製本	
発行所 －	八千代出版株式会社	

〒 101-0061　東京都千代田区神田三崎町 2-2-13

TEL　　　　03-3262-0420

FAX　　　　03-3237-0723

＊定価はカバーに表示してあります。

＊落丁・乱丁はお取換えいたします。

© N. Takayanagi and M. Ota and T. Nakajima et al., 2019

ISBN 978-4-8429-1740-5